阅读成就梦想……

Read to Achieve

THE
How to
POWER
Profit from the Revolution
OF
in Retail Financial
Services

决胜移动金融
构建未来金融服务业的盈利模式

[美] 沙卡尔·克里希南（Sankar Krishnan）◎著
黄翠婷 ◎ 译

MOBILE
BANKING

中国人民大学出版社
·北京·

图书在版编目（CIP）数据

决胜移动金融：构建未来金融服务业的盈利模式/（美）沙卡尔·克里希南（Sankar Krishnan）著；黄翠婷译. —北京：中国人民大学出版社，2016.7

ISBN 978-7-300-23053-5

Ⅰ.①决… Ⅱ.①沙… ②黄… Ⅲ.①移动通信—互联网络—应用—金融—研究 Ⅳ.① F830.49

中国版本图书馆 CIP 数据核字 (2016) 第 145749 号

决胜移动金融：构建未来金融服务业的盈利模式
[美]沙卡尔·克里希南（Sankar Krishnan） 著
黄翠婷 译
Juesheng Yidong Jinrong: Goujian Weilai Jinrong Fuwuye De Yingli Moshi

出版发行	中国人民大学出版社	
社　址	北京中关村大街31号	邮政编码　100080
电　话	010-62511242（总编室）	010-62511770（质管部）
	010-82501766（邮购部）	010-62514148（门市部）
	010-62515195（发行公司）	010-62515275（盗版举报）
网　址	http://www.crup.com.cn	
	http://www.ttrnet.com（人大教研网）	
经　销	新华书店	
印　刷	北京联兴盛兴印刷股份有限公司	
规　格	145mm×210mm　32开本	版　次　2016年7月第1版
印　张	5.625　插页2	印　次　2016年7月第1次印刷
字　数	121 000	定　价　49.00元

版权所有　　侵权必究　　印装差错　　负责调换

The Power of
Mobile Banking
How to Profit from the
Revolution in
Retail Financial Services

清华五道口互联网金融丛书序

从 20 世纪末开始,以互联网为代表的信息技术呈现快速发展的势头,也给人们生产和生活方式带来巨大的改变。在金融领域,互联网技术和金融业务的结合产生了我们称之为"互联网金融"的产品和业务模式。从目前的发展来看,"互联网金融"大致可以划分如下四类:传统金融业务的互联网化,基于互联网平台开展金融业务,全新的互联网金融模式,以及金融支持的互联网化。

第一类:传统金融业务的互联网化。包括互联网银行,也叫直营银行(Direct Banking);互联网券商,也叫在线折扣券商(Online Discount Brokerage);互联网保险。直营银行的主要特点是没有物理营业网点,依靠互联网、电话和 ATM 机等手段提供服务。直营银行发源于欧美,是利率市场化和互联网技术发展的直接结果,目前在美国最为发达。如果从独立法人资格、基本没有营业网点以及在美国联邦存款保险公司投保的标准来看,美国总共有 16

家直营银行。虽然直营银行发展迅速，但是美国的直营银行无论是存款总额还是资产总额都只占美国银行业的不到5%，总体上还没有对传统银行业造成很大的影响。但是经过20多年的摸索，应该说直营银行开始显现出清晰的商业模式和迅猛的发展势头。以在纳斯达克上市的直营银行BOFI为例。BOFI于2005年上市，股价在2010年前几乎没有太大变化。而从2010年至今，在业绩的带动下，其股价翻了8倍，已拥有100多家机构投资者，这也从另一方面说明直营银行的商业模式开始得到认可。

在线折扣券商的发展也是以美国为代表，是在70年代美国证券交易佣金自由化与互联网技术发展相结合的背景下产生的。在线折扣券商以极低的佣金吸引客户，并在此基础上向客户提供财富管理服务，在混业经营的背景下，美国的不少折扣券商也开展直营银行的业务。例如嘉信理财集团（Charles Schwab）和E*Trade都有银行牌照并提供直营银行业务，但是嘉信理财集团本身也有实体营业网点，而E*Trade则是相对纯粹的互联网折扣券商。以美国20多家在线折扣券商的情况来看，虽然各自在佣金费率、交易工具、研究支持和客户服务等方面各不相同，但是总体的特点是佣金费率低而且收入呈现多元化趋势，主要体现在佣金收入下降、资产管理收入和直营银行收入上升等。

互联网保险在初期主要是指直营保险（Direct Insurance），即基于互联网销售车险和财险产品的业务模式，在欧美各国均有不同程度的发展。在美国，直营保险的代表为Progressive和后来被Allstate收购的Esurance。从全球各国的发展情况来看，目前比较突出的互联网保险的创新模式有检测驾驶习惯的传感器结合里程数的互联网车险创新，有基于移动端应用健康数据的互联网健康险创新，以及基于社交网络的互联网保险营销创新。总体上看，互联网保险的商业模式似乎仍在探索之中。

目前在我国，这类互联网金融模式的发展主要还体现为网上银行、证券网上交易以及保险产品的网络和电话销售，众安保险作为第一家互联网保险公司以及前海微众银行作为第一家互联网民营银行开始了积极探索。

第二类：基于互联网平台开展金融业务。这里的互联网平台包括但不限于电子商务平台和互联网第三方支付。这类互联网金融模式主要表现为在网络平台上销售金融产品，以及基于平台上的客户信息和大数据面向网上商户开展的小额贷款和面向个人开展的消费金融业务。前者的典型代表包括早期的贝宝（Paypal）货币市场基金和近期发展迅猛的余额宝，也包括众多金融机构在淘宝上开设的网店以及专门销售基金等金融产品的第三方网站和手机应用。后者的典型代表包括阿里小贷和京东白条，以及美国的 Kabbage 和 Zestfinance。需要指出的是：阿里小贷和京东都是基于自己平台的客户开展业务，而 Kabbage 则是完全基于第三方平台的客户信息和全网络数据对网商进行放贷，Zestfinance 更是利用大数据开展金融业务的典范。该公司采用机器学习的方法和复杂的统计手段对大数据进行分析，专门面向美国不能享受银行服务的人群（Unbanked and Underbanked）提供贷款业务。应该说，大数据的发展以及其在信用风险模型上的应用，使银行和非银行的贷款业务进入了一个

"技术含量较高"的阶段。难怪著名的问答网站 Quora 上有句著名的评论："未来的银行只是有银行牌照的技术公司！"

从目前的发展情况来看，上述两类互联网金融模式只是现有金融业务的补充，说颠覆还为时尚早。互联网银行规模尚小，互联网券商仅仅是提高了获客和交易的效率。阿里小贷和 Kabbage 主要面向小微企业，Zestfinance 主要面向传统金融没有覆盖的个人等，做的也都是传统银行不做的业务，还不至于很快动摇传统金融的根基。

第三类：全新的互联网金融模式，主要是指 P2P 网络贷款和众筹融资。在美国，P2P 网络贷款的先锋是分别于 2006 年和 2007 年成立的 Prosper 和 LendingClub。这两个网络贷款平台开启了基于互联网的、个人对个人的金融交易时代。这种去中心化的小额借贷平台一推出就受到了普通民众的广泛欢迎。在跟美国证交会进行了深入的沟通之后，用来作为交易载体的本票最终被认定为证券，因此确定了美国证交会作为 P2P 主要监管机构的地位。这样一来，P2P 平台就必须在证交会注册并必须如同发行股票一样进行严格的信息披露。可以说，注册和信息披露构成了美国 P2P 行业的进入壁垒。这个进入壁垒连同完善的个人信用体系，以及完备的证券、借贷和消费者保护方面的法律，构成了保障 P2P 健康发展的三驾马车。Prosper 和 LendingClub 目前都发展顺利，其中 LendingClub 的累积交易总额已经超过了 60 亿美元并成功上市。

在美国，既有 LendingClub 和 Prosper 这样的综合型 P2P 平台，也有 Sofi 这样专门服务于高校学生而投资人限定于合格投资者的所谓垂直型的 P2P 平台。当然我们也看到综合型平台也开始在借款端引入中小企业，而在投资端引入越来越多的机构投资者。从我们在 2014 年夏天对美国互联网金融的考察来看，P2P 网络借贷并没有在美国经济生活中引起很大的波澜，很多人包括华尔街的从业人员甚至都没有听说过 LendingClub，这可能是因为美国已经形成了多层次的资本市场和高度发达的金融服务体系。随着 P2P 在欧美地区和其他各国逐渐发展，在中国也已经形成燎原之势，目前已经有接近 2000 家 P2P 平台投入运营，P2P 在我国的迅猛发展，跟我国金融环境一直以来的高度管制以及民间金融的规模巨大是分不开的。与此同时，监管机构也在积极制定法规防范风险的发生和扩大，但是由于国内还没有建成完善的个人征信体系，P2P 平台面向个人借贷的服务会遇到很大的瓶颈，而那些面向特定资产的、对投资者资格也有所限定的细分市场的 P2P 平台倒有可能脱颖而出，成为初期发展阶段的赢家。

众筹融资的英文是 Crowdfunding，是指基于互联网面向公众为产品特别是创意产品进行融资的平台。众筹模式最早出现在美国，代表平台为 Kickstarter 和 Indiegogo。众筹融资的方式包括债权、股权、捐赠和预购。其中，债权融资可以通过 P2P 平台进行，股权融资由于受限于美国证券法对于公开募集和人数的规定也很少进行。因此，除了有少量的捐赠融资之外，目前众筹融资的主要方式还是产品的预购。目前，全球已经出现了数百个众筹平台，大部分集中在欧美国家。在这些众筹平台中，Kickstarter 一枝独秀，已完成的累积融资额超过 15 亿美元。

众筹模式的相应监管又是怎么样的呢？2008年金融危机之后，美国政府一直在努力寻找走出危机的途径，其中的重点之一就是为中小企业融资提供更加宽松的环境和条件。众筹平台在这样的背景下出现，并很快引起了国会和监管层的关注。在经过了一系列的努力之后，奥巴马政府在2012年4月颁布了《促进创业企业融资法案》(*Jumpstart Our Small Business Act*，简称JOBS法案)。该法案第三章专为众筹制定，修改了证券法，使得通过互联网面向公众的股权融资成为可能。因此我们可以看出：美国对P2P的监管完全采用了现有的法律，而对众筹的监管则是制定了新法。这反映了金融监管的原则性和灵活性，值得我们借鉴。

我国在2011年开始出现了第一拨众筹网站，到目前也发展到了几十家，但是总体形势可以说是不温不火，主要是因为股权众筹的运作模式也跟我国的证券法也有冲突，更重要的是，初创企业的高风险特征跟我国普通投资者低水平金融普及教育程度、风险认知程度以及较低的风险承受能力从根本上是错配的，因此我国股权型众筹的出路在于建立合格投资者制度和投资者进入门槛。而预售型众筹被大众接受可能也需要一个过程，这跟我国的创意产业不发达、信用体系不完善以及知识产权保护不到位都有关系。一些众筹平台开始推出基于"粉丝经济"的众筹项目，或许是个好的尝试，同时类似于P2P，那些针对界定清晰的创意产品细分市场的预售型众筹平台有可能率先成长起来。

国内的P2P和众筹平台出现得都不算晚。P2P的代表平台有2007年创办的拍拍贷和之后的人人贷，众筹的代表平台有2011年创办的点名时间和之后的天使汇和众筹网等。但是，由于国内信用体系的不健全以及监管的未及时到位，P2P平台出现了诈骗、破产等风控缺位和运营不善所带来的诸多风险。因此，信用体系的建设和监管的及时到位已经成为我国P2P网络贷款发展的当务之急。不同于P2P，众筹在我国还处于非常早期的发展阶段，众筹平台的发展和监管还在摸索之中，令人欣慰的是，中国证券业协会于2014年12月发布了《私募股权众筹融资管理办法（试行）（征求意见稿）》，在互联网金融监管方面迈出了可喜的一步。但是不管是P2P还是众筹，在我国要达到成熟运行的阶段都还有很长的路要走。

第四类：金融支持的互联网化。前三类互联网金融模式在本质上都属于金融业务，也都需要监管。而这类互联网金融模式不属于金融业务，它们起到了为金融业务提供"支持"的功能，包括但不限于以下几项：金融业务和产品的搜索，比如美国的Bankrate和我国的融360；家庭理财服务，比如美国的Mint、Personal capital和我国的挖财网；理财教育服务，比如美国的Learnvest、Daily worth和我国的家财网；金融社交平台，比如美国的eToro、Seekingalpha等等。这些网络平台虽然不提供金融服务，但是却能大大提升人们对于金融产品和业务的认知，从而提高金融体系的运营效率，也是互联网金融的重要组成部分。

互联网改变了我们认识世界和变革世界的方式。在改变了传媒、商业等诸多领域之后，互联网也正在深刻地改变着金融业。在变革来临之际，顽固不化和狂妄自大都是不可取的。面向不可预知的未来，我们应该满怀敬畏。在这样一个变革的时期，观察、学习和思考变得非常必要也非常重要，基于这样一个理念，我们策划出版了互联网金融新知丛书和互联网金融案例丛书，这个工作由基于清华大学五道口金融学院建设的清华大学国家金融研究院下属的两家研究机构，亦即互联网金融实验室和阳光互联网金融创新研究中心共同承担。

让我们共同关注与推动互联网金融在中国的发展！

清华大学五道口金融学院常务副院长廖理教授

The Power of
Mobile Banking
How to Profit from the
Revolution in
Retail Financial Services

推荐序

手机银行就在我们身边。与移动增值业务相结合的移动设备的兴起，使得手机成为未来银行最重要的渠道。由于移动设备可以实现许多重大创新，它们将会迅速改变世界各地的零售银行业务。

据预测，到2017年，估计全球将会有超过10亿人口使用手机银行，实际用户数量可能会比这还多。消费者希望能从他们的银行获得个性化的用户体验，而移动技术恰恰能比其他任何技术更好地提供这种个性化的量身定制的体验。

虽然很多人出于对安全问题的担忧而不使用手机银行，但这个理由是站不住脚的。事实上，手机银行跟在线银行一样安全，甚至比在线银行更加安全，抱怨安全问题仅仅是那些将会被潮流抛在后面的人的一个无力辩解。

那么为什么市场领导者们没有去推动移动渠道？毕竟，只有成熟的银行和投资公司才占据了最佳位置，通过充分利用手机银行所带来的积极变化来获取利润。他们有能力做出最大的变化，因为他们具有投资移动创新所需要的资源和资本。

然而这些成熟企业往往是最不愿意接受改变的。尽管他们拥有市场份额，但是仅仅拥有市场份额并不能保证其成功。未来的成功将会青睐于那些高度灵活和适应性强的公司，以及那些意识到并开拓新的移动机会的公司。

对一些企业来说，认同并开发移动渠道是困难的，因为它不仅仅涉及技术问题，而且还涉及心理和社会问题。移动创新需要企业具备洞察变化和拥抱它的能力。而对于银行而言，将不得不改变其运营优势去适应手机银行的发展，并且调整他们的流程和产品来满足客户新的需求。他们需要一种新的运营模式，并制定将移动业务定位为优先级考虑的主要业务的战略，而不是事后才去考虑。

这跟技术无关，而是关乎变革。企业必须变得更加灵活，一方面能让现有的交易业务正常运转，另一方面还要开发和创新他们的移动业务。鉴于大多数大型银行依然是由事务型领导者来掌控，因此这绝不是一个小任务，事务型领导者和变革型领导者之间的差别是非常明显的。

事务型领导者往往倾向于在现有系统中被动工作，并且只有在迫不得已的时候才会改变；而变革型领导者愿意立即改变做事的方式。因此即便我们可以很明显地看到移动化策略将会最终获胜，但大多的大型银行还是满足于现状和目前的交易。

不同于传统银行，创业公司明白移动业务的重要性，并且正在通过它来获得市场份额。而像互联网和电信企业这些非传统银行业的竞争者也正在把自己置于开拓手机银行市场的位置上。与此同时，传统银行和传统市场领导者就这么眼睁睁地看着这一切的发生。这就是我们为什么需要这本书的原因。

本书作者沙卡尔的见解对任何身处银行业中的人来说都是必要和适时的，而且对那些目前拥有显著市场份额的成熟银行会更有价值。成熟银行真正需要一位业内可信赖的专家来为他们敲响警钟，而沙卡尔就是一个合适的人选。作为一位银行的长期从业者和创新者，他提供了现实世界的专业知识，而不是理论和概念。他巧妙地把其他从业人员的思想和智慧融合在故事情节里，使我们大家都能受益。

站在一个深入了解国际银行业、在印度出生的公民的视角，沙卡尔给读者展示了作为世界上最大的发展中经济体之一的国家的极有价值的观察角度，而且它还是一个正在发生着反向创新的主要市场。最重要的是，沙卡尔乐于助人的愿望贯穿到了这本极有价值的书中。

没有其他任何行业能比世界领先的银行更好地帮助别人，也没有比手机更广阔的帮助渠道了。这是一本金融服务从业者必读的，而且也是一本企业行业的领导者必须留意的书。

麦克·西蒙尼利（Mick Simonelli）

The Power of
Mobile Banking
How to Profit from the
Revolution in
Retail Financial Services

前言

当我开始写这本书的时候，我很快就意识到自己陷入到了一个进退两难的境地。我希望这本书是全面并且经过仔细研究的。作为一家企业的业务高管，我深信调查研究的价值，而且我也从不敢掉以轻心。但话又说回来，我也知道自己是在跟时间赛跑。除了出版商的截止期限外，我周围的世界也在快速地变化着。我深深地感到我的稿子写得时间越长，在它正式出版的时候内容就越落后。

因此，我尽可能地采取折中的方法，把研究工作尽量压缩到短短的6个月里，并尽快把我的研究转化成正式的文章。其结果就是将书写成了一个杂集。如果书中涵盖的主题和话题对你来讲是崭新的，你会发现它们非常新颖和令人兴奋。如果你是职业银行家或投资者，你就会在想："哦！书里的很多内容我都已经知道了。"如果你产生了这样的想法，我强烈建议你继续读下去。我已经尽可能地将各种各样有趣的素材涵盖到本书中，而这些素材来源广泛。即使你是世界上最富有经验的银行家，你也有可能在这本书里发现新的有价值的信息。

以下是我希望在这本书中能呈现给读者的一个内容简述。

在第1章，我们将了解手机银行的潜力和能量。作为一种战略手段，手机银行并不是一个放之四海而皆准的解决办法。在发达市场中，手机银行给银行提供了一个降低成本、提供更好的服务并能接触到新一代消费者的大好机会。在新兴市场和欠发达市场，移动技术是经济增长的一个主要驱动力。如今，在印度、中国、非洲、中东和拉丁美洲的许多地方，移动设备已提供了过去需要巨额的基础设施投资的服务。在很多情况下，移动技术让一个国家跳过了基础设施投资的挑战，直接进入到为一个崛起的消费者阶层提供所需的基本服务的阶段。

在第2章中，我们将回顾零售银行业的现状，并讨论那些引导我们走到今天这一步的历史趋势。银行有着非常丰富悠长的历史，并且随着时间的推移，还在持续不断地进化，以满足新市场和新客户群体的需求。手机银行无疑是一个精明的银行家采用新技术并将之付诸实施的最新例子，通过手机银行，银行能提供更多的服务，以实现业务增长并且获取更大的利润。

在第3章中，我们将看到"M世代"的影响，他们也被称为"千禧一代"或者"移动一代"。我们还将讨论作为一种文化，我们的消费习惯在这些年里是如何被改变的。"触摸和感受"的旧模式已经被新的"看到和听到"的新模式所取代。作为银行家，我们需要承受我们所受到的共同冲击，并且接受我们周围的世界已经发生改变的事实。我们需要确保我们的产品和服务对新一代的数字原居民和精于技术的消费者而言是相关和必要的。

在第4章中，我们将探讨不断壮大的移动支付系统所扮演的角色，并揭示这类系统是如何为银行提供广阔的新机会，以便在实施和支持移动平台所需的人员、流程和技术方面做出正确的投资。同时，手机银行还为银行创造能通过客户的移动设备为其提供用户友好型信息服务的机会。另外，移动也将加速电子商务的增长，开辟新的和潜在的收益渠道以便于银行吸引更多的消费者。银行应当瞄准渠道效率，也就是以尽可能低的成本来提供最好的客户体验。

在第5章中，我对手机银行的实际应用进行了详尽的调查，并给出了很多咨询师忘记提及的一些提示和建议。我提醒银行家们要三思而后行，并且要做好充足的准备。根据具体要达到什么样的确切目标，规划好银行的移动战略，并且要确保每个人都能明白你们所做的一切，找到合适的人并开始组建团队来执行你的战略。除了应用程序（App）的开发人员，你还需要IT供应商、集成商和顾问，以确保所有的技术能在一起平稳地无缝运行，另外不要忘记成本和价格。尽管手机通常被认为是一个低成本的渠道，但是客户还是会把它当作一个首选的渠道来使用。因此，我们要确保它能提供真正优质的服务，为用户带来好处，而且要保证这种服务能为用户提供真正的价值和独特的功能。

在第6章中，我们将深入探讨预付卡的世界。尽管没有多少银行家认为预付卡的市场是诱人的，但它还是有其自身的用途。因此我给银行家们的建议很简单：不要忽视预付卡市场的潜力。尽管预付卡并不是一个理想的解决方案，但是它们已经被广泛地使用和接受。在世界范围内，预付卡市场正呈现出巨大的增长潜力和市场渗透的机会。预付卡正在不同国家的多个市场上保持着两位数的同比强劲增长，其中包括美国、巴西、墨西哥、意大利、印度、加拿大、俄罗斯和中东的一些地区。在世界范围内，该市场总的可承载成交量预计将达到1万亿美元。

第7章是关于移动金融风险无限制的讨论。粉饰你将遇到的问题和麻烦毫无意义，你最好为此做好准备。多数银行家认为手机银行的风险在于设备安全方面，但其真正的问题是潜在的客户和市场份额的损失。因为非银行机构已经进入到手机银行市场，市场份额的流失是传统银行所面临的一个基本战略风险。银行必须有意愿和有能力在移动技术方面做出重要的投资，否则他们就会面临失去客户、输给诸如电信公司、零售商和技术供应商等非银行玩家的风险。

第8章则着眼于大局，揭示了移动技术将会在哪些领域发挥重要的作用，甚至成为占主导地位的力量。手机银行为各种潜在的重要的移动服务打开了大门，例如移动医疗、移动教育、移动营销、移动制造和其他很多与客户进行交互的新途径。手机银行代表了新兴移动经济的一个分支，它有潜力能为全世界数十亿的人带来更大的财富和幸福。

是的，世界正在以不可思议的节奏变化着。那些昨天看上去还是新颖的东西在今天看起来就显得老旧了，这就是现代化让人百思不得其解的地方，这也解释了为什么数以百万计的人觉得现代世界让人惶恐不安。我对此之所以有点失望，是因为那些应该比我们高瞻远瞩的领导者们只会一味地引导我们回顾以往，而不是往前看。对我来说，尽管过去是我们发掘知识和传统的宝库，但是我也应该清醒地认识到，过去只能作为我们博古通今的一个基石或者参考。我们活在当下，并且有责任去创造我们的未来。这就要求我们不断努力学习和了解我们所身处的世界正在发生的事。当我们明白发生了什么，我们就不会再害怕它。让我们大胆地前进，去改善我们及家人的生活。当我们全力以赴时，就能获得满足。

最后，我希望这本书能帮助你更多地了解极具吸引力的和活力四射的全球经济，也期待着这本书能为你的成功和幸福贡献一份小小的力量。

目 录

清华五道口互联网金融丛书序	/I
推荐序	/IX
前言	/XIII
第1章	移动金融的能量与潜力 /1

我为什么写这本书 /1

思考行为,而不是技术 /3

为什么需要移动金融?而且是现在 /9

完整性检查 /12

纵观机遇与挑战 /15

是时候打破当前局面了 /18

关注客户体验 /21

新的慈善模式 /23

不可忽视的新客户群 /26

进化还是革命 /27

为什么创新才是根本 /29

第2章　银行业是如何发展到今天的 /33

悠久的历史，沉重的行囊 /33

手机银行真的是一种新的发展趋势吗 /36

这全都关乎位置 /37

怎样才算免费 /40

移动支付 /40

为手机银行开创未来 /43

第3章　欢迎来到M世代 /45

M世代的世界 /45

消除摩擦 /48

移动运营商和银行 /50

手机银行 /52

银行新时代的产物 /54

第4章　移动支付时代的到来 /57

移动支付让信用卡变得更普及 /57

移动支付的四种类型 /60

目录

第5章 构建手机银行的渠道战略 /63

渠道战略的准备步骤 /63

建立渠道战略的规则 /66

区别对待不同的渠道 /68

发展客户战略 /70

推出你的手机银行应用商店 /71

银行之外的竞争对手 /74

API才是银行的未来出路 /77

手机银行的价值主张 /78

第6章 预付市场的巨大潜力 /83

预付卡市场 /83

普惠金融 /89

预付卡的现状和未来 /91

企业对预付市场的高度重视 /93

ATM机和预付卡 /95

对托德·纳托尔的专访 /96

跟客户建立信任 /101

预付市场的未来展望 /104

| 第7章 | 移动金融所面临的风险与问题 /105 |

手机银行所面临的风险 /105

打造以客户为中心的金融供应链 /111

银行与非银行企业之间的合作竞争关系 /113

移动应用不是被制造出来的 /115

立足脚下，放眼全球 /117

首席信息官在手机银行中的作用 /119

| 第8章 | 万物移动的时代 /123 |

移动医疗的诱人前景 /123

移动医疗商业模式 /125

根据激励计划调整技术 /126

不断进化的界面 /131

患者自我管理的实用框架 /133

从原子级别改善医疗保健 /138

未来的移动与未来的城市 /141

| 结语 | /145 |
| 译者后记 | /151 |

The Power of
Mobile Banking
How to Profit from the
Revolution in
Retail Financial Services

第 1 章

移动金融的能量与潜力

我为什么写这本书

20世纪80年代,我在印度马德拉斯成长,亲眼目睹了互联网革命对印度这个世界上最大和人口最多的国家之一的影响。一夜之间,印度的中产阶级似乎在各个领域迅速增长。

对我来说,移动通信改变人们的生活和从根本上改革经济形态的能力并非虚构,这也不仅仅停留在理论层面上。它已真实发生在我们身边,并且我已亲眼目睹了这一切的发生。

我意识到移动互联只是中产阶级在印度崛起的诸多驱动因素之一。但是在我的童年记忆里,移动技术和金钱总是有千丝万缕的联系。

在发展中国家市场里,移动技术无疑是其经济增长的一个主要驱动因素。如今，在印度、中国、非洲、中东和拉丁美洲的很多地方，移动设备能提供很多服务，而那些服务在过去往往都是需要巨额的基础设施投资的。在很多情况下，移动技术让一个国家跳过了基础设施投资的挑战，而直接进入到了为崛起的消费者阶层提供所需的基本服务的阶段。

同时，我也看到过失败的经济是什么样的，坦率地说，那并不是一种美好的景象。作为花旗银行的一位年轻主管，我有机会接触到多个新兴经济体，其中包括在阿富汗的一些战后重建工作（从金融的角度来看）。通过与世界银行和联合国一起实施金融结构的构建工作，以便像花旗银行这类的银行（和那些同样把重点放在发展中经济体的同行）能保证将商品和服务送到需要它们的人手中。我一直在想，如果能在阿富汗、伊拉克和波斯尼亚等地方让更多的人拥有手机，那我们就能很容易地创建一个系统来监控那些装载着我们提供的物资的卡车的进程，从而确保这些物资能准确地到达目的地，并且能继续跟踪这些物资以获知它们是如何被实际收到的人所使用的。

这样的一个系统不会需要大量的基础设施建设，只需一个信号还算畅通的移动网络和一些手机就能让那些可怜的人的生活发生很大的改变。

而我自己只是一位银行家，我并没有尝试要去拯救世界。但我认为移动互联应该是当前在发达国家和发展中国家中许多问题的解决方案之一。移动互联也将成为世界各地大大小小企业的巨大利润驱动力。

第1章
移动金融的能量与潜力

最重要的是,移动互联具有巨大的潜力能从根本上改变我们的生活和我们彼此间的互动方式,尤其是与那些能满足我们日渐增长的需求的机器和自动化系统之间的互动。

今天,"移动设备"这个术语大多指手机和平板电脑。明天,这个术语还将包括衣服、手表、珠宝、医疗设备、家电、汽车、卡车、船和飞机,等等,所有我们制造或使用的东西都将会连接到移动互联上。

那些被通用电气公司称为"工业互联网"(Industrial Internet)、或被思科公司(Cisco)称为"物联网"(The Internet of Things)、或"万物互联"(Internet of Everything)的网络每天都在不断发展壮大,而移动互联作为其中一种主要的力量正在驱动着它们的快速发展。

思考行为,而不是技术

对于银行和银行家来说,移动互联并不是一张免费的通行证,它更像桌面游戏《大富翁》(Monopoly)里的一张机会卡,能让你快速横扫桌面。有时候它会助你顺利通关和收获200美元,但有时你也会一无所获。

探索移动互联所蕴藏的机会最简单的方法之一就是把移动金融看作是一种技术现象,但这将会是一个历史性的错误。移动金融是一种全球性的行为,更准确地说,它是自互联网和万维网问世以来正在全球范围内进行的一次至关重要的行为变革。

向移动金融的转移并不是由技术所驱动的，而是由心理所驱动的。今天人们对世界的看法显然不会和30年前的看法一样。千禧一代能够理解并接受这个新的现实，是因为这是他们从一出生就接触到和知道的东西。而我们这些在婴儿潮时期长大（指美国1946年到1964年之间出生的一代，第二次世界大战后美国的出生率突然大幅度增长，因此被称为"婴儿潮时期"）或作为X世代的人（指20世纪60年代末到70年代中期出生的那一代人，意为"失落的一代"），则不得不尽最大努力去试着理解这些正在发生着的一切，并且希望能在为时已晚之前参与到这些新的变革中去。

请花一点时间来思考一下以下表1—1到表1—3中由美国联邦储备委员会（U.S. Federal Reserve）提供的数据。这些图表显示了2012年3月对移动金融使用的调查数据。正如你从这些数据里发现的，使用移动金融的人们往往跟他们的年龄、收入和教育相关。

表1—1　不同年龄段用户对移动金融服务的使用情况（%）

年龄段	使用	不使用	总共
18~29岁	43.5	16.8	22.4
30~44岁	35.7	24.7	27.0
45~59岁	14.7	30.2	26.9
60岁以上	6.1	28.4	23.7
参与调查人数	372	1626	1998

资料来源：美国联邦储备委员会

表1—2　不同收入人群对移动金融服务的使用情况（%）

收入	使用	不使用	总共
低于25 000美元	12.8	19.9	18.4

(续表)

收入	使用	不使用	总共
25 000 美元~39 999 美元	19.0	16.6	17.1
40 000 美元~74 999 美元	27.5	26.5	26.7
75 000 美元~99 999 美元	12.9	14.0	13.8
100 000 美元或以上	27.9	22.9	24.0
参与调查人数	372	1626	1998

资料来源：美国联邦储备委员会

表1—3 不同教育程度人群对移动金融服务的使用情况（%）

受教育程度	使用	不使用	总共
高中以下	5.5	12.1	10.7
高中	21.5	31.8	29.6
专科	39.0	27.4	29.8
本科或更高学历	34.0	28.8	29.9
参与调查人数	372	1626	1998

资料来源：美国联邦储备委员会

"我们正站在一个十字路口，"我的朋友斯科特·贝尔斯［Scott Bales，他是Moven公司的创始成员之一和未来银行论坛（Next Bank）的创新总监］说，"移动互联正在改变我们对世界是如何运作的理解。在过去，如果你需要信息，那你就去图书馆查询；如果你需要一本书，那么你就到书店购买；如果你想要你最喜欢的歌手的最新专辑，那么你就去唱片店买。然而现在，你可以在你的移动设备上完成所有的这一切，而不需要去具体的某一个地方做某一件事情。"

"做某一件事情不需要去某一个地方"这种观点显示了人类行为所发生的一个巨大转变，这种行为的转变无疑是移动金融背后的主要驱动力。

斯科特认为："大多数银行没有正确理解正在发生的事情。他们以为这一切是关于技术的，而实际上却是关于行为的。"那些不愿意加入这次变革浪潮的银行往往把责任归咎于技术的不完善，从而选择坚持保持现状。"他们拼命地抱住过去不放。面对移动金融提供的各种机会，他们非但没有充分利用，反而更愿意去传播恐惧、不确定性和怀疑，"斯科特还说，"尽管如今移动互联技术的安全性远远超过现有的任何技术，但他们依然会去强调安全问题。"

Moven公司的手机银行的用户界面如图1—1、图1—2和图1—3所示。

图1—1 Moven手机银行用户界面栏目示例

资料来源：经Moven公司许可使用

图 1—2　Moven 手机银行主页面

资料来源：经 Moven 公司许可使用

图 1—3　Moven 手机银行收据界面

资料来源：经 Moven 公司许可使用

斯科特说，很多传统银行更愿意忽略手机银行服务，但要做到这一点并不容易。"首先,现在的客户群正在发生改变,更多的千禧一代正在进入到劳动力市场,并开始在企业里崭露头角,不断得以晋升;其次,这些千禧一代将开始在其日常工作中做出关键的业务决策,那么他们凭什么会选择那些不具备移动互联服务的银行作为他们的合作伙伴呢?"斯科特在此提出了一个极其重要的关键点,即那些不能将移动互联服务与其传统业务很好地结合在一起的银行,不仅会使他们失去个人消费者零售账户的风险增加,而且还会面临失去那些利润更丰厚的大企业级客户的风险。

如果这些理由还不足以推动银行参与到移动金融的变革中去,斯科特提出了另外一个重要的潜在风险:失去投资者的信心。"这只是一个时间问题,我们将看到投资界会对那些没有自己的互联网业务的银行的估值进行降级评估。"斯科特说。

我完全赞同他的这些观点。当我看到一家银行不提供全方位的互联网服务(包括手机银行服务)时,我就会开始想他们的IT部门到底出了什么问题。对我和其他业内的专业人士来说,移动互联服务正在成为一种技术能力的代名词。如果你是一家银行,在竞争异常激烈的市场中,难道你真的想向公众发出你的技术明显很落后的信号吗?

"移动金融作为一种行为比作为一种技术更重要,"斯科特说,"作为一种文化,我们的行为准则也已经发生了改变。Facebook、Twitter、Netflix、Spotify和谷歌等这些互联网公司已经从根本上改变了人们与周围世界的互动方式。不仅银行业面临着变革,其他所有的工商业也都感受到这股变革浪潮的冲击。他们要么适应变革,要么就被淘汰。"

在我看来，斯科特的确不仅捕捉到了时代的精神，还了解到了全局。他正置身于这股浪潮中，而且他似乎有一种能够预知所有这一切将会走向何方的直觉。

以下这段来自具有传奇色彩的创新者和风险投资家马克·安德森（Marc Andreessen）的话正好说明了这一点：

> 今天，如果问孩子们是想要一部智能手机还是一辆汽车，而他们不得不二选一的话，他们百分百会选智能手机。因为智能手机代表着自由。一个庞大的社会行为正在被重新定位。

为什么需要移动金融？而且是现在

从内部的观点来看，把手机银行同时看作一个创造性的功能解决方案和一个可行的商业平台会有助于我们对它的理解。手机银行就像一个ATM机，它是一个功能强大和极具成本效益的银行分支的替代品。移动互联技术使银行能以多种不同的方式来与客户进行交互，这些不同的方式既实用又能给双方都带来潜在好处，而且它们通常不需要像经营分公司那样的相关成本。

站在外部的角度来看，把手机银行看作一个让用户更加便捷作为目的的产品或服务，这会更有助于我们对它的理解。客户需要便利、安全、容易访问、低交易成本、速度快、持续性好和安全感强。手机银行满足了所有的这些需求。

手机银行远远不止是一个最新的、前景光明和闪烁着耀人光芒的产品。它不是短暂的时髦,它也不是一时的风尚。它代表了与过去的一个明确的界线划分。在过去,当客户任何时候需要某一项银行服务时,他必须要停下手中所做的事情,到某一个银行营业点去办理。

手机银行减弱了银行对地理位置的需求。这是一个很关键的概念,这个概念就是,移动互联技术使得银行的地理位置在很大程度上变得无关紧要。有了手机银行服务,你不需要再去找一个银行的实体营业点。你需要做的就是找到你的手机。

幸运的是,手机或平板电脑用户似乎从来不会短缺。相对于2012年的60亿和2011年的54亿,2013年全球有68亿移动用户。市场研究机构Portio公司预计到2016年年底,全球将有85亿移动用户。Portio公司还指出亚太地区和非洲的市场将促使移动用户的激增。

下面是一段摘自《非洲信息革命:对犯罪,治安和公民安全的影响》这一引人入胜的研究报告,该文由非洲战略研究中心的史蒂芬·利文斯顿(Steven Livingston)所著。

非洲在过去的5年里见证了每年20%的移动电话用户增长率,从2000年移动用户占人口的2%增长到2012年年底的63%。在2013年初,非洲的移动电话增长率居世界第二位(仅次于中国),非洲大陆拥有7.75亿蜂窝移动网络连接。在南非、加纳、加蓬和肯尼亚,他们的手机账户几乎跟人口数量一样

第 1 章
移动金融的能量与潜力

多。到 2015 年,在撒哈拉沙漠以南的非洲地区,开通了移动网络接入的人口数可能比在家里接入电网的人口数还要多。这些人将越来越频繁地进行视频通话、观看视频短片或通过他们的移动手机来访问互联网。虽然非洲的移动电话很多都是功能简单的第一代和第二代移动电话,但最近的移动电话中越来越多的是带移动互联功能的智能手机。到 2018 年,估计非洲会有 40%~50% 的手机能够接入互联网。

当然,美国也不能避免受到移动电话现象的影响。根据调查结果,你能很明显地看到大概 1/3 的美国家庭已经放弃了有线固定电话而选择无线移动电话。例如,美国电信协会(USTelecom)和美国联邦通信委员会(Federal Communications Commission,FCC)联合报告称,到 2013 年底,美国预计有 44% 的家庭拥有无线移动电话。

让我们快速回顾一下研究网站移动思考(mobiThinking)关于移动手机迅猛增长的评论:

> 移动电话用户数量与固定电话线路之比为 6∶1(更多的是在发展中国家);移动宽带数量与固定宽带之比为 3∶1。根据这样的统计数据,我们能很容易地理解为什么专家们预测基于移动网络的网页使用量将超过基于个人电脑的网页使用量。在发展中国家这一情况发生得更加迅速,例如,在中国和其他国家这种情况已经发生了,虽然在这些国家里通过固定网络进行网页浏览的普及率仍然很低。在发达国家,这种情况发生得更缓慢一些。国际数据公司 IDC(International Data

Corporation）认为，2015年前美国移动网络的网页使用量不会超过基于个人电脑的网页使用量。无论这个时间表如何，但从长远来看，这无可避免地让你的移动网络战略比基于个人电脑的网络战略更为重要。

我在此增加了这一引用，是因为它是我们重要观点的一个很好的延伸：不要把你的移动战略跟你的在线策略相混淆。它们不是一样的东西；它们有很大的不同，而且它们需要完全不同的方法。毫无疑问，网上银行是一个伟大的工具，并为发达国家的银行客户提供了一大便利。但网上银行通常需要在个人计算机或平板电脑上使用网络浏览器。手机银行的优势在于，客户们所需要的仅仅是一部移动电话和相应的手机银行App。

完整性检查

我住在美国，但会经常出差和旅行。这就是说，我观看世界的视角大多来自我从书本、报告和白皮书中获取到的信息；来自我个人的经历，例如与其他银行家的谈话；来自对互联网网页的浏览；以及来自出席各种专业研讨会、峰会和座谈会。

在写这本书的过程中，我与那些位于世界其他地区的同行和同事频繁地接触，征询他们对于整个手机银行业务现象的看法。与老朋友们交谈（通过发送邮件或短信）往往是在旅途中用来打发时间的一种令人愉悦的方式。同时这也是我的社交活动实用性的一面：我的朋友们作为我的共鸣板，更重要的是，他们可以以为我在写这本

第 1 章
移动金融的能量与潜力

书时脑海里出现的想法和观点做完整性检查。

其中的一个朋友法哈德·伊拉尼（Farhad Irani）是我在写作早期接触的，他是马士礼格银行（Mashreq Bank）的执行副总裁和集团零售银行业务的负责人。马士礼格银行是阿拉伯联合酋长国规模最大、发展最快的私营金融机构。马士礼格银行在 12 个国家开展业务，并已获得许多关于质量和创新的奖项。

法哈德在支付、零售银行业务和电子商务领域有着 30 年的工作经验。他曾在 Paypal、渣打银行（Standard Chartered Bank）、日本花旗银行和韩国外换银行（Korea Exchange Bank）担任行政管理职务，并一直居住在印度、印度尼西亚、韩国、日本、新加坡、中国香港和阿联酋迪拜。我提到这一切，是因为它们证明了法哈德在银行业的经验以及他所具有的知识的深度和广度。

他认为，移动技术驱动着在我们有生之年所能看到的最大的经济革命。在那些发达国家，它赋予了金融机构重新设计其端到端的处理流程的能力。它将为消费者创造和提供许多新的便利服务。在发展中国家，移动技术将促进"惠普金融"（Financial Inclusion），这将减少贫困，创造新财富，并使得数十亿人提高他们的生活水平。

他不认为移动技术会对现有的金融机构构成威胁，因为如果金融机构能提供移动用户最常用的服务的话，那移动客户也会倾向于巩固与他们自己银行的关系。对我来说，这是一个明确的信号：如果银行想留住现有客户并获得新的、更年轻的顾客，那么他们就必须提供全套的强大的移动服务。

"手机银行比网上银行更加安全,并且移动技术后端已经出现了一系列巨大创新,这些创新技术能实现更为广泛的支付,"法哈德说,"支付是零售银行业务中最重要的组成部分。如果你输了支付,你就失去了客户。"

从普通消费者的角度来考虑,法哈德把手机银行看作一个真正的宝藏:"它为消费者带来便利。它更安全、更保密,而且它使消费者能更便捷地转换银行。"

在商业方面,法哈德预测,移动技术将使银行大大提高他们的客户关系管理流程,通过基于地理空间信息的实时警报来提供更为相关的市场营销,充分利用大数据来加快贷款审批和信贷发放过程,并且无论客户在哪里,都能为他们提供更为全面的服务。

他还预计,通过现有的移动通信技术来实现与客户服务代表面对面的视频互动,这将会更好地改善与客户的关系。换句话说,在与银行的呼叫中心进行交互的客户体验中,那些不露面且只是空洞的语音交流会越来越少,那种更像两个人之间面对面的私人对话会越来越多,这都归功于移动视频技术。

"我们生活在一个令人兴奋和充满活力的时代,"法哈德说,"移动技术提供了巨大的机遇来改进银行的业务体验,在个人金融服务领域创造出更多高层次的参与可能性。可以说移动就是未来。在过去 3 年里,平板电脑的销量已超过个人电脑的销量。网络成本和网络能力每 18 个月就翻一倍,而硬件成本则每 18 个月就减半,超过 10 亿台智能手机将在 2014 年交付。对于可以接受变革的个人和机构来说,这将是一个增长和发展的辉煌期。"

我完全同意上述说法。法哈德用他特有的外交方式，在预言这一伟大时代到来的同时还暗含了"如果"这一前提条件。移动技术能带来巨大的变革，但前提是我们如果愿意接受那些由移动技术所带来的不可避免的改变。

纵观机遇与挑战

我曾请教我的朋友阿特·马纳尔（Art Mannarn）所认为的与手机银行业务有关的最大机遇和挑战是什么。阿特是加拿大帝国商业银行（Canadian Imperial Bank of Commerce，CIBC）的执行副总裁兼零售与商业银行业务的首席行政官，他对银行的当前状态有一些非常精准的观点。他认为机会应包括：

- 重新定义客户体验，通过更充分地利用数字化流程、业务流程和信息，从而提供更加健全的客户体验；
- 通过改善自助服务选项、降低应用程序的缺陷率和直通式处理来降低系统成本；
- 创建更多的接触点，从而通过客户所喜欢的方式来提供更多个性化的互动；
- 提供更高级别的便利给客户，即客户可以在任何时候、通过任何渠道，来操作相关的银行业务。

阿特说："零售银行业务的领导者们正专注于投资数字化能力的重新设计与集成，从而为客户们提供无缝的、非常便捷的手机银行平台。"

他认为零售银行业务面临的关键挑战包括：

- 需要一系列的投资，包括需要一流的专家来帮助制定和执行移动战略；
- 实现多个客户接触点间的紧密整合与同步；
- 保持手机银行创新的快速发展步伐：新的技术，新的智能手机，新的参与者，等等。

我还问他，从组织的角度来看，银行应该如何做好准备，以迎接一个移动设备越来越成为消费者必不可少的选择的世界。下面是阿特的建议：

- 减少对那些为服务于离线体验而建立起来的流程和标准的依赖；
- 确保那些制定和执行策略的人能充分理解数字化的现实；
- 创造机会来实现整个组织内具有不同兴趣和不同技能的团体的融合；
- 随时随地保持对那些日益被广泛应用的移动设备、相关技术以及制造商相关能力的了解。

阿特把一个问题细分成多个组成部分的做法令人印象深刻。在我看来，这是一个真正有远见的做法。此外，我还向阿特咨询了关于手机银行将如何改变消费者与银行之间的关系的问题。以下是他的一些想法。

- 客户们希望银行能实时地积极快速响应他们的请求，银行可以通过任何渠道在一天中的任何时候发送响应。

第 1 章
移动金融的能量与潜力

- 客户们对银行的期待从围绕服务速度扩展到更高的要求,例如在银行对客户本身的了解、对客户特定需求的了解以及客户与银行的整体关系等方面,他们都对银行寄予厚望。
- 客户端不再有与面对面交互一样的需求,因而在线互动的质量需要进一步提高,从而能同时提供建议交付和服务交付。
- 那些跨越数字鸿沟的银行将继续保持他们与客户之间的紧密性;而那些不这样做的银行将会逐渐失去与当今消费者的相关性。

最后,我请阿特列出移动技术带给银行及其客户的具体好处和优势。以下是他的回复。

- 移动技术使银行能为他们的客户提供具有很强针对性的和量身定制的互动,从而促使银行改善客户的参与性,并降低运营成本。
- 它支持更加精准的客户定位,这是传统营销推广技术的一部分。
- 通过自我指导的建议、服务和研究,它为客户提供了更加丰富的用户体验。
- 它提供了在实时决策、产品和服务定制等方面的各种机会。

阿特说:"金融服务业正越来越聚焦在为客户提供手机银行解决方案上,那些在这方面能执行到位的银行或机构将更有竞争力,并从其他竞争者中脱颖而出。"

是时候打破当前局面了

在每一个新的产品或服务要迅速成为商品的世界中,竞争异常激烈,你要么就创新,要么就会被淘汰。创新不再是奢侈品,而是要留在业界并凭借其竞争成功的一个基本要求。

由于各种原因,银行业比其他行业更加讲究正统性,也因此导致其创新进程比较缓慢。银行的那种不愿意打破当前局面的传统是可以理解的,银行业毕竟是一个高度管制的行业。银行业有着很悠久的历史,已经存在了大约4 000年。这使得银行业成为世界上最古老的、还在连续运行的行业之一!

银行业在过去的4 000年里完成了很多使命。很难想象任何现代经济或任何现代文明,能够存在于没有稳健的银行体系的社会里。然而在我们获得那些巨大成就的同时,我们也已形成了很多惯性思维。如果我们想保持竞争力和继续作为一个影响深远的行业来发展,我们需要克服某些惯性,并开始更迅速地进入到新市场,服务于更多新的客户群体。

谁是这些新的客户,他们居住在哪里?在美国、欧洲大部分地区以及中东的部分地区,他们是千禧一代、数字化的一代,他们即将继承世界发达经济体。

在世界的其他地方,这些新客户还包括那些目前还没有银行账户的潜在客户。请阅读下面这个来自比尔和梅琳达·盖茨基金会(Bill & Melinda Gates Foundation)网站的简短摘录:

第 1 章
移动金融的能量与潜力

根据来自世界银行的全球惠普金融数据库（World Bank's Global Financial Inclusion Database）的数据，在世界范围内，大约 25 亿人在任何金融机构没有一个正式的账户。其结果是，大多数贫困家庭几乎完全依靠现金来维持生计，尤其是在发展中国家。

这是一个惊人的人口数字，我认为，如果银行愿意把目光放到发达国家以外的客户身上，它对于银行来说将代表着一个巨大的潜在机遇。

毫无疑问，那些没有银行或是银行业欠发展的地区将会是银行业务增长的肥沃土壤。在发达国家，这些潜在的客户往往是年轻人。而在欠发达或发展中国家，他们往往是穷人或生活在农村地区的人。但他们都有一个共同点：他们都使用移动手机。

手机和移动通信技术是实现接触这些没有被服务或服务不足的人群，并将他们转变为可盈利的银行客户的关键。在许多情况下，手机是在制定更为广泛的关于如何获得或增加新的客户的几个战略性渠道之一。在某些情况下，手机甚至将成为主要的或关键的业务增长渠道。

在某些情况下，手机银行将被要求开发新的支付系统，以及发行新的货币种类。这并不容易，但不会成为一个不可逾越的困难。

手机银行的主要吸引力在于几乎所有必要的基础设施都是现成的。你不必建立任何地面设施，你需要做的就是找出如何将现有的移动基础设施应用到银行服务上来。

很多银行业从业者认为，银行和移动网络运营商（Mobile Network Operators，MNOs）的合作关系似乎是一个成功的组合：银行获得未开发的市场，移动网络运营商留住更多的客户（这种观点源于：如果客户的银行账户已经跟他们移动电话账户绑定在一起，客户则不太可能轻易逃离）。

毋庸置疑，整个局面相当复杂，这涉及许多参与者（如银行、移动货币运营商、处理器），用于存取现金或进行交易的各种渠道（如自动柜员机、终端销售点、在线接口、移动电话），以及可以用来进行交易的支付工具（如转账工具、借记卡、信用卡等）。

让我们想象一下将会得到的回报。上文我们已经粗略地看到手机银行市场的潜在规模。现在，让我们考虑一下经济因素。美国审计总署（U.S. General Accountability Office，GAO）估计，有5 600万成年人，大约占美国成年人的1/5，没有银行账户或缺乏银行服务。根据最近的《迪堡白皮书》（*Diebold White Paper*），作为一个群体，他们每年花费超过109亿美元在超过3.24亿次的非传统金融交易上，包括支票兑现和发放日薪贷款。

从这些数字我们可以推断出，这将会有一个约5 000亿美元的尚未开发的全球市场。我不会对这一估算孤注一掷，但它确实提出了一个引人注目的问题：为什么银行业会留下那么多钱放在桌子上？

这是我感觉到恐惧的一个方面：如果我们作为一个行业，没有可以满足千禧一代的和那些还没有银行账户或缺乏银行服务的潜在客户的基本需求，那么其他行业一定会去尝试解决。在某些国家，一部分零售商店已经提供给客户一些类似银行的服务。

在世界范围内，诸如 eBay、亚马逊和苹果等公司已经开始运营虚拟银行服务。每一天，总有新的移动支付应用程序推出。这让人感觉就跟加州淘金热的初期一样。没有人确切地知道黄金在哪里，但他们知道肯定在加州的某个地方，所以他们都会抢在银行业之前去宣示他们的所有权。

难道我们要袖手旁观，让一群新进入者分食我们的午餐？我希望不会。我相信拯救银行业的方法就在眼前。多年来，我们一直致力于发展我们所认为的最好的和最富有的客户。我们已经花了无数的时间和金钱来决定新银行分行的最佳位置，我们已经投入了数以亿计的美元来建立、收购或租用那些分支机构所在的地方。

每年，我们支付数以亿计的金钱给工作人员和维护分支机构，同样，每年我们关闭或迁移成千上万的分支机构。我们也许应该说是在进行商业地产业务，而不是银行业务。

关注客户体验

手机银行是一个更加健康的替代品。它可以让我们不用担心需要建设和调配员工到实体的分行，从而让我们专注于客户体验，而这一切完全能在客户的移动设备上得以实现。

在发展中国家的许多地方，道路和基础设施的匮乏使得银行几乎不可能建立实体的支行网络。手机银行显然是这些发展中国家银行建立自己品牌的一个最聪明和最实用的方法。

关注非富有客户并不是天方夜谭，当然这也不是我提出的观点。在2002年战略与经营（Strategy + Business）会议上发表的开创性白皮书中，普哈拉（C.K.Prahalad）和斯图尔特·哈特（Stuart Hart）提出了以40亿在世界财富金字塔底部的人为核心的企业战略理论，这一区域被作者们称呼为"金字塔底部"（Bottom of the Pyramid, BoP）。在这一篇充满洞察力和创造力的论文中，普哈拉和哈特提出了一个令人吃惊而又完全合乎逻辑的断言：这40亿处于金字塔底部的人对你而言，要么代表着棘手的问题，要么代表着新一代智能业务的极佳机遇。

正如你能想象到，我更喜欢后面的观点。普拉哈和哈特预测，"金字塔底部"的市场蕴藏着超过13万亿美元的购买力。冒着让你们觉得我是老生常谈的风险，我还是想指出"金字塔底部"的市场规模太大，导致很难被忽视或驳回。

在彼得·迪曼蒂斯（Peter H.Diamandis）和史蒂芬·科特勒（Steven Kotler）合著的优秀著作《富足：未来比你想的更好》（Abundance）里，他们对"金字塔底部"这一概念进行了总结。我极其推荐这本书，因为它与银行业特别相关。作者们写道：

> 手机银行可以让人们查询他们的余额、支付账单、收取款项、给家里汇钱而没有巨额的转账费用，以及避免了因为携带现金而产生的人身安全风险。
>
> 手机银行在短短几年里呈指数的增长。2007年，由舍法利电信公司（Safaricom）在肯尼亚推出的移动钱包服务M-PESA，第1个月拥有20 000用户；4个月后，拥有150 000

第1章
移动金融的能量与潜力

用户；4年后，拥有13 000 000用户。

迪曼蒂斯和哈特都强调了这一观点：巨大的商机正等待着那些愿意接受新兴"金字塔底部"市场挑战的公司。作者写道，这远不是一个普通的市场，而是一个"完全不同的商业环境"，要求"完全不同的经营策略"。手机在本质上非常适用于开发、实现和支持这些激进的商业策略。

新的慈善模式

虽然我首先是一个银行家，但我不希望给大家的印象是我所关心的只是赚钱。我深切地关心着财富在我们的美丽星球上分配不均的问题，同时我也坚信，当人们有机会获得金钱，世界会变得更美好。财富会带来财富，而且很多时候你需要采取措施来促进当地经济的发展。

这就是为什么我带着很大的兴趣来阅读关于"直接给予"（GiveDirectly）的资料，这是一个提供直接捐赠渠道的组织，他们通过移动手机把赠予直接发送到肯尼亚和乌干达的穷人手中。我们最近与"直接给予"组织的创始人和董事长迈克尔·费伊（Michael Faye）进行交流。他向我们解释了其组织的赠予方式是如何区别于标准的慈善模式的。

迈克尔说："据世界经济论坛（World Economic Forum）预测，每年从新兴市场的国家政府到个人的现金转账高达4 000亿。这笔钱中的很大一部分是通过陈旧的方式进行转账，其中存在大量的泄漏。我们的目标之一是服务于这些市场和尽力减少这种赠予泄露到接近于零。"

然而"直接给予"组织更广泛的目标是从根本上改变如何把捐赠的现金分发给穷人的方式。"我们要问的问题是，对于穷人来说，是否直接获取赠予的钱比其他的慈善活动更好？在很多情况下，答案是肯定的。"他说。

该组织已创建了一个看起来像带有明确绩效标准的指数型基金的模式。换句话说，"直接给予"组织不仅仅是把现金分发给穷人。而且，它使用现代技术和企业经营风格的会计管理模式，来确保赠予的金钱能高效而透明地送达其预定目标手里。

"不是每一个在肯尼亚西部村庄的居民都需要同样的东西。有些人需要钱送孩子去上学，有些人可能需要钱来做小生意，有些人只是需要钱来重建他们的屋顶，"他解释说，"许多慈善机构的问题是，他们总假定会有一个适合所有人的模式。"

例如，一个慈善机构可能会决定给一定区域内的每个村子赠送一头牛，但并不是每一个村庄都需要一头牛。"于是，他们把牛卖掉换取现金来购买他们需要的东西。"迈克尔说。

"直接给予"组织的做法具有低成本、可扩展、可审计和透明的特征。"我们可以真正地跟踪每一元钱的流向和它所带来的影响。"他说。

让我们来看一下这一流程是如何运作的：首先，该组织会根据当地的贫困水平挑选一个地点。然后派遣一个小团队到被选定的

第 1 章
移动金融的能量与潜力

位置（通常是一个村），并利用现代数字数据收集技术创建一个非常详细的地图。"队伍成员会挨家挨户详细地收集数据，所收集的数据包括从全球定位系统（GPS）的坐标定位到用于构建房屋的材料。"迈克尔说道。之后第二个团队会被派遣去登记村里的人口并验证第一个小组收集到的数据。拥有了这两个数据集，组织便能带着高度确定性来进行操作。"我们比较数据集，并确保它们是有效的。如果有人说他们生活在某一个房子里，我们可以通过全球定位系统 GPS 的数据和用于建造房屋的材料类型来验证。"他说。

只有在另一个团队出发到村里进行第三次重复的数据检查之后，组织才会批准标记支付，以确保资金能去到它应该去的地方。如果没有问题或争议出现，更多的支付会被授权。在肯尼亚，村民们通过他们的移动钱包服务（M-PESA）的账户接收直接付款。在乌干达，他们通过其他以移动技术为基础的系统来接收直接支付。

正如迈克尔所说，这是一个很容易扩展和审计的方法。我认为这是发展中国家慈善事业的未来。"慈善已经成为一个肮脏的字眼，我们把自己看作是服务提供商。"迈克尔说。

透明的流程和裁员是该组织成功的关键。"我们要求我们的工作人员挨家挨户进行登记。"迈克尔解释说。迈克尔提到，有一次他从全球定位系统的数据里看出代理把村民聚集在空地里或校园里进行登记，而不是挨家挨户地去查询。最后这些代理被解雇了。

事实上，"直接给予"组织会认真对待这些收集到的数据。"我们派遣三支、有时甚至四支团队来收集相同的数据，然后我们对它们进行匹配。"迈克尔说。按照其承诺，为了能准确地评价其方案的影响,"直接给予"组织正在进行一项随机抽查实验,这个活动在慈善界几乎是闻所未闻的。实验结果表明,收入增加了,饥饿减少了,压力水平降低了,并且冲突也减少了。

通过我在这个领域的经验,我知道准确性、一致性和完整性的重要性。"直接给予"组织不只是一个行业先锋,它还给我们这些有意让世界变得更美好的人树立了一个榜样。

不可忽视的新客户群

这里有很多很好的理由来质疑实体银行分支营业点在发达经济体中的价值。回忆一下,上一次你看到千禧一代在银行分支营业点里排队是什么时候?公平地说,千禧一代对银行分支机构已经没有多少亲近感。

如果给你一个选择,是通过访问移动设备进行交易,还是亲自到银行分行去处理交易事宜,我坚信,典型的千禧一代肯定会选择前者而不是后者。对于数字化一代来说,使用移动设备会比亲自去一趟银行感觉更加舒适和便捷。你甚至都不需要换下你的睡衣。

如果你是婴儿潮或 Y 世代的一部分,可能你会为本地的银行分行感到伤感。但我向你保证,千禧一代的经历让他们没有类似的怀旧感。对他们来说,银行网点是面向那些还不知道如何使用手机银行 App 的人。

你可能会想:"哦,谁在乎呢?这些孩子没有巨额的账户,当然他们目前也不是我们能从中获利最多的客户。"但请记住这一点:

今天，他们可能不是最有价值的客户。但明天，当他们有了工作、抵押贷款和股票投资组合，他们很可能成为有价值的客户。你是否愿意将他们拱手让给你的竞争对手，连同他们作为客户的终身价值呢？

你可以将更多的注意力放在那些发展中世界里尚未开设银行账户或欠缺银行服务的人们身上。你可能很容易忽略他们，但这将是一个严重的错误。没有人会预料到中产阶级在中国会上升得那么快。现在看来似乎就在一夜之间，或就在一眨眼之间。你能那么肯定类似的奇迹不会发生在南亚、非洲和拉丁美洲吗？

请记住，目前共有 25 亿人在那里没有银行账户，但不是所有的这些人都极度贫困。他们中的许多人只是试图寻找一个安全的地方来存放他们的金钱和进行他们的金融交易。这让我听起来就好像他们正在寻找一家信誉良好的银行。

进化还是革命

克里斯·斯金纳（Chris Skinner）是新书《数字化银行》(*Digital Bcnk*) 的作者，他是一个被称为"金融服务俱乐部"（Financial Services Club）的欧洲银行网络的主席，同时还是英国广播公司新闻（BBC News）、天空新闻（Sky News）和彭博社（Bloomberg）有关银行业问题的一名固定评论员。

他认为，有两个流行的普遍理论在论证着银行将如何"从这里到那里"地运行手机银行策略：第一个理论认为，银行将逐步进化,就像他们在过去所做的那样,逐步适应周围不断变化的世界;第二个理论则认为,变化的范围和规模所带来的巨大颠覆性,使得很多银行不得不争先恐后地迎头赶上,或者更糟的是,他们将无法在移动技术极其普及的形势下进行竞争。

"有些人认为,银行将会以同样的方式去适应移动的发展,就如同它们适应了之前的其他颠覆性力量一样,比如呼叫中心、自动取款机和互联网等,"克里斯说,"但这些发展变革都是在技术层面的,今天的颠覆力量是更加彻底的。移动互联代表的不仅仅是新技术,它还连接着地球上的每一个人。"

从本质上讲,移动互联正在创造一个消费者具有高度赋权的全球性社区。突然之间,几个世纪一直屈居下风的消费者,如今却站立于山的顶部。

"这是一个巨大的差异,银行不会简单地演进到与市场保持同步的新商业模式,银行将不得不被颠覆以进入新的模式。那些只是努力适应和逐渐进化的银行最终将成为输家,因为正在发生的那些变化是彻底而快速的。"克里斯说。

"唯一的救赎希望能让银行觉得,可以通过进化而不是颠覆来适应社会发展,这将是他们的银行牌照。"克里斯说(顺便说一下,克里斯不是唯一持有这种观点的专家)。在研究和写作这本书的过程中,一些人士谈到银行将依靠政府监管作为应对颠覆性变化的堡垒。这总是令我感到费解,为什么一些银行可以在政府监管给他们造成不便的时候抨击政府,而当对他们的工作有利的时候又忙不迭地去拥抱这些监管制度。

在我与克里斯的谈话中他认为，世界已经做好准备去迎接一种全新的金融机构。他说，传统的银行花了几十年和无数的美元对他们所提供的服务进行整合。这种整合不是为了让银行客户获利，而是制造更多的障碍来防止银行的客户转换他们的账号到对手银行。

克里斯说，移动技术的出现可以使银行服务"去整体化"，从而回到消费者可以通过各种应用程序访问安装在移动设备上的多个独立产品。其最现实的意义就是，综合银行模式将被解散（或分解），从而被原子化模式所取代。在这种模式中，消费者被赋予能在他们的移动设备上自主组装高度个性化的"虚拟银行"的权力。

难怪一些银行家会被吓坏。当你通过像克里斯这类人的眼睛而看到未来，你就能清楚地认识到：这将是一个消费者被高度赋权的世界，而绝不是一个银行掌控所有权力的世界。

为什么创新才是根本

让我们回来探讨一下新理念。由于持续地过度使用，"创新"一词已经让人感觉失去了其原有的效力。它加入到了那些大词的万神殿，如同范式和变革，它已被市场营销人员和广告文案撰稿人到处滥用。

此刻，我们假设"创新"一词仍然具有冲击力，并能引起你的注意力。对我来说，这是一件很简单的事情。所有我需要做的就是拿起那本已经翻旧了的平装书《创新者的困境》(*The Innovator's Dilemma*)，这本书由克莱顿·克里斯坦森（Clayton M. Christensen）

所著。

克里斯坦森提醒我们，创新仍然是一个强大的概念。他通过向我们展示那些不认真看待创新的公司会发生什么样的事来论证他的这个观点。他们跌倒，他们赔钱，他们失败。这本书同时是令人害怕、令人兴奋和鼓舞人心的。

克里斯坦森其中的一个主要观点是，颠覆性创新往往显得不是一个理性的投资，至少在最初阶段是这样的。

第一，颠覆性产品更加简单和更加便宜，他们一般承诺较低的利润，而不是更大的利润；第二，颠覆性技术首先会在新兴的或微不足道的市场里进行商业化；第三，主流企业的那些最能获利的客户一般都不想要那些基于颠覆性技术的产品，或者说一开始不能使用。总的来说，颠覆性技术最初通常是被市场里那些最不能获利的客户所采用。

克里斯坦森需要不厌其烦地强调颠覆性创新是怎么脱离常理和传统的商业思维，这也是为什么很多成功的企业往往忽视或驳回一些关键的创新技术（例如，发明鼠标的施乐公司就没有看到电脑鼠标的商业潜力）。

在许多情况下，对创新的失明是自己造成的。专注于满足那些最能带来利润的客户的需求和愿望是很多企业的标准做法。但克里斯坦森尖锐地指出，专注于那些最能带来利润的客户可能会蒙蔽你的双眼，从而忽略那些带来利润较少的客户的需求和潜在价值。当你的团队中有人提出一个创新方法，能完美地满足那些你不认为最

第 1 章
移动金融的能量与潜力

能带来利润的客户群的需求时,对于你来说新的困境就出现了。

我们都知道这样一句话:"如果没有坏掉,就不修理它。"可悲的是,这句话已经被用来证明了许多新的想法被无情地扼杀掉。对于施乐公司的决策者,电脑鼠标似乎跟他们企业的销售策略无关。很显然,没有人认真地研究鼠标对于另一组客户的巨大吸引力。多亏了史蒂夫·乔布斯的天赋感知到鼠标的吸引力,并将其商业化。

根据克里斯坦森的说法,有时候这是一个显而易见的正确的产品投资,它至少承诺在最初阶段能提供比成熟的产品稍低一点的利润。而有时这些投资对于探索发展中市场具有重要意义,虽然新客户可能不太盈利,或者说在最初阶段,相对于现有客户的成熟市场,他们能获取的利润更低。

"基于颠覆性技术的产品通常是更便宜、更简单、体积更小,而且使用起来更加方便。"克里斯坦森写道。哇,这让我听起来就像他正在描述手机银行应用程序一样。相对于为你的银行建立一个新的分支机构,它当然更便宜、更小、更方便。

手机银行还可以通过反向创新来发展,这是指在欠发达经济体中(例如中国和印度)开发、测试、优化、推出这些低成本产品,然后在世界各地的其他市场推广它们的过程。这就是所谓的"反向创新",因为它扭转了传统的产品生产开发方法。传统的方法通常是生产性价比高的、功能齐全的版本提供给发达经济体,随后是生产低成本的简装版本提供给不发达经济体。

反向创新战略已经成功地被一些公司采用,如通用电气公司(GE)、宝洁公司、微软等。从本质上讲,反向创新的关键在于,某些形式的创新能更迅速地发生在欠发达或发展中经济体,在那里需要创新是由于缺乏资源和受其他制约因素所驱动。

总之,在这个问题上,创新是在快速变化的竞争激烈的市场中生存和成功的关键。除了不断创新和完善,没有其他的替代品;在现代经济中,它们是绝对必要的。没有创新,你就原地不动,这也是一种变相的倒退。

我再强调一遍:要么创新,要么被淘汰。这个选择是很清晰和明确的。如果你选择创新,那么这本书是为你而写。如果创新的理念吓到你了,那么把书放下,并通过紧急出口离开。就跟亚历克·鲍德温(Alec Baldwin)在《大亨游戏》(*Glengarry Glen Ross*)这部电影开头的著名一问:"我已经引起你的注意了吗?"

The Power of
Mobile Banking
How to Profit from the
Revolution in
Retail Financial Services

第 2 章
银行业是如何发展到今天的

悠久的历史，沉重的行囊

正如前面提到的，银行的历史可以追溯到公元前两千年，实际上，银行的历史可能比这还要久远。地球上的第一家银行很可能是皇家粮仓。这些粮仓是为了收集、存储和分发王国的余粮而建造的，并负责将粮食出借给农民和贸易商。

现代银行则开始于文艺复兴时期的意大利，然后在欧洲各地逐渐发展起来。早期的银行中心包括佛罗伦萨、汉堡、阿姆斯特丹和伦敦。第一个中央银行——伦敦银行（Bank of London）成立于 1694 年。美国联邦储备委员会则创建于 1913 年，而欧洲中央银行（European Central Bank）创建于 1998 年。你读这篇文章的时候，世界上最重要的银行可能是位于北京的中国人民银行（The People's Bank of China）。

商业的黎明和银行的故事从来就没有结束过，银行走过了漫长的发展历程。尽管岁月流逝，但让人感到惊讶的是银行的基础却从未改变过。以下是《货币、银行和金融市场的原则，第 10 版》（*Principles of Money，Banking & Financial Markets*）一书中对银行的简要定义：

> 银行提供了这样一个地方：个人和企业在风险最小的情况下把他们的资金进行投资以赚取利息。反过来，银行通过贷款重新调配这些资金。

没有什么比这种解释更为简单明了。但是正如我们所知，银行在维护国家的货币供给方面发挥着重要的作用。银行同时也利用其过量的储备金发放贷款以财生财。这非常具有现实意义，发放贷款能够创造收入，这也正是银行让行外人士感到不可思议的地方。

我之所以提到这一点，是因为手机银行的兴起无疑将会导致人们对通过手机银行盈利并保护其价值方面产生期望或失望。

让我们先暂停几分钟，来谈论一下关于货币的问题。正如我们所知道的且常常会忘记的，货币并不会跟春天一样在一夜之间就突然出现。货币是随着时间的推移而稳步发展的。有时候，货币看起来就像水银，或者说它有着千变万化的特质。它远不像石头那么平稳不变，货币有着多种形态。众所周知，货币存在的目的是为了减少与贸易相关的成本和困难。贸易几乎是在每一种文化里必不可少的，而货币使得大规模的贸易得以实现。

在货币出现之前，交易是通过易货来实现的，这个过程很繁

第2章
银行业是如何发展到今天的

杂，而且不精确。易货对于交易来说有时候是个障碍，因为不管你要交易的是什么东西，它都很难界定一个准确的价值。由于贸易是专业化的前提，而专业化是经济增长的先决条件，因而需要一个比实物交易更好的替代品。

这个替代品就是货币。货币的最早形式包括贝壳、黑曜石、牛、牛粪块、盐压片和茶砖。它们不像我们现在所使用的货币，而是有着抽象和内在两种价值的所谓商品货币。但并不是每个人都认可商品货币所指定的精确价值，所以它并不是理想的交换媒介。

最终，商品货币被铸造的硬币所取代。这些铸造的硬币更加便于携带，且被更为广泛的交易所接受，原因很简单，因为几乎任何人都可以通过辨认金属的属性，例如金、银、铜或镀铜来确定这些铸造的硬币的价值。

纸币是货币进化历程的重要一步。纸币始于作为换取寄存的黄金或其他金属货币的库房凭据。没过多久，人们就认识到他们可以使用这些库房凭据来支付他们想要购买的物品。不久之后，金属货币库房的主人们也指出，他们可以通过简单地发行新的库存单据来发放贷款。实际上，他们是在创造货币。

今天我们所使用的货币被称为"法定货币"，因为它没有内在价值，它不依赖于贵金属，例如黄金。今天的货币有价值，这是因为政府说它有价值，而我们作为社会的成员之一，同意与政府同行。现代货币代表着我们已经延续了几千年的社会契约。它具有多个功能，比如一种简单的支付方法、一种便捷的存储价值的方法和一个可识别的标准价值单位。

尽管我们总是抱怨货币，但它是人类最伟大和最宝贵的发明之一。它代表了陌生人之间信任的纽带。如果没有货币，那么很难想象任何现代文明的延续。如果你在不断地质疑当今货币的价值，那不妨问问你自己，是否真的愿意生活在一个以牛粪块作为主要交易媒介的世界里？

我相信在这一点上我们能达成共识：货币总是在不断发展的，而且它反映了一个更大的社会契约的持续发展属性，这使得我们大多数人能共同生活在一个相对和平、安全和相互信任的社会里。也就是说，我们的确有理由弄清货币的未来会是什么样子。根据我们以往对货币的认识，货币的未来发展很有可能会跟上数字经济的发展步伐。但货币目前依然还有许多悬而未决的问题，例如：

- 货币将会采用什么样的形式？
- 在我们日渐网络化的社会里，货币将发挥怎样的作用？
- 哪个机构将负责维护和控制货币的供应量？
- 货币是否会继续作为支付的主要方式，还是将会由别的东西来代替？

手机银行真的是一种新的发展趋势吗

我认为手机银行拥有一种光明未来的发展趋势。据普华永道（PwC）的研究表明，移动手机将废黜银行分支网络，成为客户与金融机构进行互动的主要渠道。2015年，移动手机有望超越个人计算机作为接入互联网的首选方式。在美国，手机银行客户数量在

第 2 章
银行业是如何发展到今天的

2014 年已达到 7 700 万人。显而易见，手机银行的发展正在突飞猛进。

印度储备银行（Reserve Bank of India）报告说，2012 年，在印度有 1 300 万人使用了手机银行服务。在共计 2 560 万次的交易中，手机银行交易额达到 182 亿卢比，其中涉及 59 家银行。与 2011 年同期相比，在成交量和价值方面，分别有 198% 和 174% 的增长。

除了为客户提供更多便利外，手机银行还代表着低成本的银行零售渠道。银行网点、呼叫中心和自动取款机相对于手机银行来说，都是成本昂贵的投资。

这全都关乎位置

传统的零售银行、网上银行和手机银行的主要区别在于它们的业务发生地不同：传统的零售银行业务发生在一个分支机构或自动取款机上；网上银行业务发生在一台个人电脑或平板电脑上；而手机银行业务则在移动电话或带移动功能的平板电脑上完成。

公平地说，手机银行是一项正在进行中的工作，只有时间才能告诉我们：手机银行仅仅是传统银行的一个无形版本，还是其他别的东西？手机银行在新的金融体系中将会扮演什么样的角色，以及它们将如何被监管？即谁将会制定规则，并对它们进行监管？

手机银行很可能会改变我们对货币的看法。手机正在迅速地演变成移动钱包，这意味着我们将携带更少的钱（和更少的零钱）。

在未来两三年内，我们通过手机进行金融交易的比例会越来越大。

很快，我们所有小额的、每天的或日常消费，例如火车票、咖啡、早餐、口香糖、薄荷糖、彩票、面包、牛奶、薯片、下班后的饮料、电影票、干洗、停车收费都可以通过我们的手机或平板电脑进行处理。我不能向你保证，我们将完全抛弃我们的钱包，但它们的作用肯定会变得越来越小。

让我们快速浏览一下手机银行和银行的手机服务之间的差异。在大多数情况下，银行的手机服务本质上是传统银行的一个数字化扩展。在电子化的背后，它仍然是一个设有营业网点的传统银行。

然而，手机银行完全是另一回事。手机银行的存在是以实现移动交易为目的的。你绝不会进入手机银行的营业网点，因为对于手机银行来说没有设立营业网点（我可能不应该说"绝不会"，因为一家成功的手机银行有可能决定开设营业网点把它的业务延伸到实体世界）。

从这一点来看，怀疑手机银行最终是否能取代传统的零售银行，似乎就显得合乎逻辑了。我想这种情况的可能性是存在的，但它应该不会发生。即使在数字银行和数字货币的时代，仍然需要传统的银行。

银行之所以成功的一个主要因素是信用度高，这是那些大的银行品牌已经具备的。只有当手机银行和其他提供类似银行服务的非银行企业建立起相同水平的信任，才有可能会严重威胁到传统银行。此外，银行提供的不仅仅是现金支票的服务，他们还创造货币，并担任着货币看管者的角色，他们使那些支撑着我们经济的商业得以实现。因此,银行绝不可能明天就消失。

这是我所预见的:传统的银行将会越来越少做那些传统意义上习以为常的事,而非银行企业会做更多现在传统银行正在做的事。最终,某种平衡将会出现,到那时会出现一个全新的格局。而在此之前,传统银行的明智之举就是把手机银行看作是一个需要特别关注的、极具颠覆性的创新。

如果传统银行只是草率地把手机银行看作是一时的风尚,这会是一个潜在的致命错误。根据弗若斯特沙利文咨询公司(Frost & Sullivan)的研究表明,2014年有4 500万的美国银行客户会使用手机银行应用程序,可见那么多客户的偏好不容忽视。

随着越来越多的千禧一代和数字一代进入到劳动力市场,并将成为羽翼丰满的经济贡献者,手机银行将不再是一个可选功能,而更像是一个必备功能。

很快,所有银行都将提供一定程度的移动业务。至少,所有的银行客户都有从银行下载两种应用程序的选择:一个关于账户信息的应用程序;另一个是关于交易的应用程序。这些账户信息的应用程序将提供账户余额信息,以及有关银行产品和利率的最新信息。那些关于交易的应用程序将提供必要的零售银行业务,例如支票存款、支付功能和资金从一个账户到另一个账户的转账功能。对于消费者来说,手机银行将意味着他们能更好地掌控自己的钱。

银行之间会在服务质量、可用性、速度、应用程序的外观等方面展开竞争。手机银行将成为市场营销、获得客户、保留客户的一个关键的竞争因素。

全球的大银行（以及一些较小的银行）已经看到了手机银行的光明未来，他们正朝着适应年轻一代需求的方向发展。还有一些新创立的企业，例如 Moven 公司、Simple 公司以及 Green Dot 等公司，他们使用的不是银行技术，但在实际操作上却提供着类似零售银行的业务。

怎样才算免费

对银行而言，要想获得全面的发展肯定需要承担一定成本，需要在新技术和安全方面进行投资。但好消息是，移动服务提供商和移动网络运营商已经做了很多繁重的工作。尽管银行不会获得一个搭便车的机会，但他们不需要去构建自己的基础设施来使手机银行系统正常运转。

同样的条件也适用于金融服务行业的其他部门，他们能秉承移动战略的竞争优势。一些保险公司，例如政府雇员保险公司（Government Employees Insurance Company，GEICO）和好事达保险公司（Allstate）已经开始满足移动市场的需求，为客户提供高度可用和具有视觉吸引力的移动应用程序。我们坚信，将会有更多的企业跟随他们的脚步。

移动支付

就目前来说，支撑手机银行业务的一个主要原因是，它使你的移动设备具有移动支付（M-Payments）的能力。在世界范围内，移动支付正在强劲增长，但仍然只代表电子商务支付的一小部分。以下这些关键数据可以说明这一点。

- 发达市场中的商品购买（例如，通过亚马逊和eBay进行购买）中占据了移动支付的大部分业务。
- 汇款和预付费充值同样占据了移动支付的大部分业务。预计旅游票务和支付停车场费用也将会在发展中市场中逐渐流行起来。
- 高德纳咨询公司（Gartner）预测，到2016年全球将有4.48亿移动支付的用户，市场价值高达6 170亿美元。亚太地区将拥有最多的移动支付用户，但非洲将是收入最高的地区。
- 移动网络的Web服务，预计在2016年之前都将称霸北美和欧洲的移动支付市场。而短信或文本服务预计将继续成为发展中市场移动支付的重要工具。基于近场通信（Near Field Communications，NFC）的交易到2015依然保持相对较低的水平，但在2016将开始回升。
- 扬基集团（Yankee Group）预测，2015年全球移动交易数量将超过1万亿美元。
- 欧洲、中东和非洲是移动支付的热点地区，据扬基集团报告，在2011年这三个地区移动交易额占全球总额的41%，北美为35%，亚洲地区22%，而拉丁美洲仅有1%。
- Portio研究机构报告，到2014年底，全球有近4.9亿人（占移动用户的8%）使用他们的移动设备进行支付（包括应用程序内支付、移动票务和移动优惠券）。

- 根据Juniper研究公司的报告，截至2015年，通过移动支付的数字商品以及实物商品、资金转账和近场通信交易的总价值将达到6 700亿美元。这一数额包括了移动票务、近场通信非接触式支付、实体商品采购和资金转账。活跃的移动支付用户在2013年实现了翻番。数字商品占据最大的市场份额，并在2015年占到了近40%的市场份额。

- Juniper研究公司还报告说，在2015年，全球25亿消费者通过他们的移动设备来购买数字商品，而在印度将有超过4亿人通过移动设备购买数字商品。

- 但IDC公司认为，在欧洲、中东和非洲三个地区，移动支付的起飞速度将比手机银行慢，据预测不到13%的移动用户将注册使用移动支付，而移动支付的规模将不超过1 250亿美元。因此，移动支付的真正普及要比许多行业观察家所希望的慢些，这归咎于零售商的复杂性和启动成本。然而，手机银行发展的强劲增长为移动支付的增长奠定了坚实的基础。

- 汇款和商品都有望成为移动支付的最大贡献者，分别占总交易价值的69%和23%。

- 2012年，非洲以总交易额约600亿美元成为移动支付交易规模最大的区域。在2017年，亚太地区有望超过非洲成为全球最大的市场，它将拥有约2 050亿美元移动支付交易额。

- 2017年，全球移动支付市场的用户量预计将超过4.5亿，带来超过7 210亿美元的交易额。在2012年和2017年间，年复合增长率分别为18%和35%。

第 2 章
银行业是如何发展到今天的

- 预计中东和拉丁美洲的增长速度最快,在 2012 年和 2017 年之间,年复合增长率将分别为 82% 和 78%。

为手机银行开创未来

我希望你喜欢目前所读到的,并且愿意与我继续同行。我们将共同探讨新兴的移动经济及其相关问题。当然,许多问题依然存在,我将尝试在本书后面的章节里提供足够的信息,以满足你的职业兴趣和个人好奇心。

我可能不能为你提供所有的答案,但有一点我敢肯定的是,手机银行是创新的化身,它新颖、充满朝气和活力。这里不需要颠覆传统,也没有任何遗留的系统问题需要解决。手机银行的未来是一块干净的白板,它的历史正被书写着。

我们这些把赌注都放在未来金融服务业上的人,需要尽可能多地学习手机银行及其相关或类似的产业。这本书的目的是为你和你的同事提供相关的资源,因为我们的社会和我们的行业正在朝着手机银行和移动金融服务这令人兴奋的未来迈进。

尽管人们常说金钱是万恶之源,但我看到的正好相反。金钱是一种工具或系统,如果你愿意,它能够创造巨大的财富,同时,它不仅能在物质意义上,还能在精神意义上提升和丰富数以百万计的人的生活。

从物物交换到商品货币的硬币,货币进化的每一步都创造了更多的财富,并给更多的人带来更多的快乐。同样,数字货币的出现也将为更多的人提供更多的益处，特别是对于那些生活在缺少银行或金融机构地区的人们。

  我不会天真到相信金钱本身可以买来幸福，但我坚信，金钱可以提供通往幸福的路径。如果我不相信这一点，我也不可能成为一名银行家。

The Power of
Mobile Banking
How to Profit from the
Revolution in
Retail Financial Services

第 3 章
欢迎来到 M 世代

M 世代的世界

现在是时候征求我的好朋友布雷特·金（Brett King）的意见了。很多人都听过布雷特的公司——Moven 公司，这是一家手机银行公司。我曾问布雷特为什么要推出手机银行，为什么他认为这是一个恰到好处的推出时机。

让我有些惊讶的是，布雷特在回答这个问题时并没有从银行本身开始说起，而是讲了很长一段关于婴儿潮一代、X 一代和千禧年之后的 Y 世代、数字原生代 Z 世代之间的差异。

布雷特把这类新的人口定义为 M 世代。布雷特认为，M 并不代表千禧年，它代表的是移动。

在这里，我跟大家分享一下布雷特发布在《赫芬顿邮报》

（*Huffington Post*）博客上的观点：

> 婴儿潮一代和X一代的共同点是，他们引以为荣的是对生活的体验与享受，这就导致他们普遍缺乏一种冒险精神，他们需要通过触觉反馈或面对面的社会交流行为来做决定。因此，在核心历史上，我们的许多购买行为是通过在购买产品之前的"触摸和感受"来完成的。然而这种行为在Y世代和Z世代/数字原生代之间［有时候统称其为M世代或被《时代》杂志（*Time Magazine*）称为"多任务"一代］有一个微妙的转变，其关键在于，你要明白，你是否打算使这个社会继续朝着成功的方向向前发展，是否意识到实体店正面临着不断汹涌而来的威胁。

我很喜欢布雷特的"触觉反馈的需求"的说法，这让我想起当我在购买第一辆车的时候，我曾告诉我的一个朋友，我要到汽车4S店去"踢一踢轮胎"（意思是"切身体验"），现在看来，这似乎很老套了，不是吗？但是，这就是我们成长的环境，我们需要的是一个面对面的体验。我们在达成交易之前，需要嗅到新车内饰的独特气味。

虽然布雷特敏锐地观察到了这一点，但是，如今人们的购买心理已经发生了巨大转变。这种转变不限于购买汽车，而是相当普遍地发生在了整个零售行业，包括银行业。以下是布雷特博客里的另一段名言：

> 在银行业务领域，我经常不得不面对为何要与客户进行面

第3章
欢迎来到 M 世代

对面的交互、提供建议的可用性以及由实体经营场所带来的心理安慰仍然很重要的激烈辩论。问题是，描述这些"价值观"的消费者毫无疑问都是婴儿潮一代或 X 一代，他们注重描述他们的舒适度和购买行为。但是我们今天能从很多关键的潮流趋势上观察到，对于下一代消费者来说，这种传统的购买行为将会被抛弃。

如果我对布雷特的观点理解没错的话，这就是说"触摸与感受"的旧模式已经被"看到和听到"这一新范式所取代了。我一般不会轻易使用"范式"一词。我们经历了一场在购买习惯方面的巨变。许多过去的东西被冲刷走，仿佛经历了一场巨大的风暴，剩下的是一些新的和出人意料的东西。作为银行家，我们需要克服我们所受到的集体冲击，并接受我们周围的世界已经改变的事实。

布雷特通过讲述一个有趣的故事来阐明他的这一观点。

> 我最近问我 13 岁的女儿，如果她需要给在伦敦的朋友蒂亚转少量的钱，她会怎么做。她毫不犹豫地说，她将通过电子邮件把钱转给她。如果由于某种原因，电子邮件不能顺利完成的话，那她就会通过电子邮件来转钱。当我跟她解释说，她需要给她的朋友写一张支票，并把它放在普通信封里寄出去时，她笑着说："爸爸，别犯傻，没有人会这么做的。"很显然，她认为我在说傻话。
>
> 我相信我的女儿当时看见我的支票簿就放在附近。但我认为她不会把它与金钱联系起来，或者说她不认为这对服务于我

们的生活能起到任何实际意义。

从孩子口中说出来的就是智慧，这好像给我们出了一道选择题：我们可以训练我们的孩子写支票，或者我们也可以让他们通过手机来执行类似的任务。就个人而言，相对于训练 M 世代人去写支票，让他们懂得如何平衡他们的支票簿，如何计算复利利率，如何选择最适当的金融工具，以及当他们对极其复杂的金融系统一知半解的时候，如何对他们的钱做出数以百计的明智决定，我觉得会比为新一代移动设备编写应用程序以允许它们来执行金融交易容易很多。当然，这只是我的一些个人观点。

消除摩擦

布雷特认为，手机银行的价值在于，它使我们购买东西更加便利。它通过剥离或减少购买过程的摩擦来完成这一壮举。举个例子，你应该会对以下这一场景感到很熟悉。

当你需要购买一辆新车，你通常会去汽车 4S 店挑选，并坐下来与销售人员一起完成相关的购买手续。该员工会询问你是否打算现在付款。除非你带了满满一手提箱的现金，或是刚好带了一张面值为购车全款（加上了服务费和税金）的保付支票，你的答案才将会是"是的"。

20 年前，想要回答"是"，你就必须先去一家银行网点，申请汽车贷款，填写冗长的书面申请，并等待贷款批准。之后，你才能去汽车经销商那里取车。

第 3 章
欢迎来到 M 世代

今天，当你说完"是"的时候，你的贷款申请流程也就开始了。当你在喝咖啡、喝茶或喝苏打水时，经销商的财务团队正在为你申请贷款。如果你的信用评分可以接受的话，那么在几个小时之内你就能开着新车离开。

现在想象一下，所有的这一切都在你的手机上完成。从现在开始，可能两三年后，或者会更早，你甚至不需要在经销店里与销售人员一起坐下来。你手机上的应用程序将会为你处理买车和获取贷款的全过程，所有你需要做的就是乘车去经销店里取车。

这就是布雷特所谈论的消除购买过程中的摩擦。

"没有人需要抵押贷款、汽车贷款、支票账户或信用卡，"布雷特说，"通过申请贷款并获得信用的流程，我们可以购买那些我们需要或渴望的商品和服务。我们的最终目标是实现购买。"

申请贷款、填写支票甚至刷卡都会让购买过程产生摩擦。摩擦越多，人们购买的可能性就越低。相反，如果减少了摩擦，会使人们更容易地购买到他们想要的东西。

例如，在 35 个城市里通过使用移动应用程序来连接乘客和司机的服务——优步（Uber）。你只需按一下应用程序，你就能预约到一辆出租车。支付程序也被内置在应用程序里，你不必刷卡或与司机交换现金。

"你得到了你想要的结果——乘坐出租车，"布雷特说，"金融交易在这里几乎完全是隐形和无缝的。"

像优步所提供的这类服务让我们可以窥见，未来将会是一个不需要用现金的社会。请记住，金钱自始至终只是一种工具，是从 A 点到 B 点的一个途径。金钱不是最终目的地，它仅仅是通往目的地的一个运输工具。

在第 2 章中，我们简单地回顾了货币的演变史，我们还看到了货币是如何在一个成功的经济体的发展过程中成为一个关键因素的。物理形式的货币——商品货币、金属钱币甚至是纸币，天生就不便于运输和存在运输风险。如果回到那些你不得不挑着三四袋金属钱币去市场的日子里，你就会尽可能少地去给你的驴子装上鞍座和出行。这样一来，你所在城市的经济就会受到影响。

我认为手机银行和移动金融是货币进化过程中一个符合逻辑的阶段。在我眼里，手机银行最令人兴奋的不在于技术，而是手机银行业务使得消费者能比以往任何时候都能更容易、更安全地进行购物。

移动运营商和银行

新兴的手机银行生态系统是电信、零售和金融服务机构的一个大融合。说起来有些奇怪，今天手机银行领域的领先者是电信企业，而不是银行。在一定程度上，电信企业一路领先的这种说法是有道理的，毫不夸张地说，因为他们有专业的技术和带宽，所以可以在短期内完成任务。

第 3 章
欢迎来到 M 世代

美国 Softcard 公司①和英国奥斯卡工程公司（Project Oscar）是联合为客户提供移动支付业务的典型电信企业。Softcard 公司是由美国电话电报公司（AT&T）、T-Mobile 公司和威瑞森无线公司（Verizon Wireless）共同创建的合资企业，它主要依赖于近场通信技术。奥斯卡工程公司是一个手机钱包合资公司，是由 EE 电信公司②、英国 O2 公司和沃达丰（VodaFone）联合组建。奥斯卡工程公司主要依赖于射频识别（Radio Frequency Identification，RFID）技术来实现移动交易。

移动钱包服务（M-PESA）是由肯尼亚 Safaricom 电信公司和沃达丰公司于 2007 年在肯尼亚推出的一项手机银行服务，它拥有 3 万个代理处和 1 400 万用户。肯尼亚大约 70% 的电子转账——大概每月有 10 亿美元的交易额——是通过移动钱包服务完成的，从而使其成为该地区手机银行领域的领先者。

SMART Money 是菲律宾主要的移动服务供应商——智能通信公司（Smart Communications）推出的一项电子钱包服务。Smart Money 与 12 家银行合作，可以在全国范围内的 9 000 台自动取款机进行交易。通过它，人们可以进行银行转账、支付账单并充值话费。这里还有一个很酷的功能：在菲律宾的任何地方，你可以使用 Smart Money 把钱转给智能通信公司的 5 090 万名用户中的任何一个。我认为，这就是一个低摩擦系统。

---

① 原名 Isis，2014 年改名为 Softcard，以免与中东地区的 ISIS 极端组织产生混淆。
——译者注
② EE 公司（Everything Everywhere）是一家英国的电信公司，是由德国电信和法国电信组成的合资企业。
——译者注

零售商们也纷纷加入到这一行列中。星巴克、沃尔玛和家得宝（Home Depot）等公司正在尝试接受移动支付应用程序，例如，通过Square公司的移动钱包和PayPal在店内的移动结算应用程序来进行结账。

美国领先的零售商如沃尔玛、菲利普斯66（Phillips 66）、GAP、7-Eleven便利店、百思买（Best Buy）、塔吉特（Target）和邓肯甜甜圈（Dunkin's Donuts）已经共同成立了一个名为商户客户交易（Merchant Customer Exchange，MCX）的移动支付网络，该网络允许其客户通过手机支付应用程序在该网络所覆盖的零售商店、超市、餐馆和加油站进行支付。据称差不多有9万家商户加入该网络，每年他们会处理超过1万亿美元的支付交易额。

手机银行

Simple公司、GoBank公司和Moven公司是引发手机银行下一波浪潮的典型例子。从本质上讲，它们是以服务移动客户为明确目标的银行。

Simple公司（原名BankSimple）是一家于2009年成立的私营公司，总部设在美国俄勒冈州波特兰市。它的合作伙伴包括：Visa、美国合众银行（Bancorp Bank）、Allpoint、TxVia、Cachet和消费者物价指数金融（CPI Financial）。Simple公司在全美为超过40 000名客户提供银行服务。它有一个很好的用户界面，设计时着重考虑到了年轻顾客的需求。

第 3 章
欢迎来到 M 世代

GoBank 是 Green Dot 银行旗下的一个品牌，它是由 Green Dot 这家上市银行控股公司所推出的。GoBank 有一个时尚而友好的用户界面，看起来很吸引移动客户。GoBank 还提供了让客户能够通过电子邮件或 Facebook 进行汇款的功能。很显然，像 Simple、GoBank 等手机银行已经花了心思去了解他们的潜在市场，并为移动客户提供了一系列他们所看重和欣赏的服务。

Moven 公司是布雷特的心血结晶，它是基于他的两个观点而创立的：第一，移动通信将从根本上改变零售银行的运作方式；第二，这是一个更有争议的观点，即移动界面可以被改造成能提供与银行分支网点相同（甚至更好的）的服务。

Moven 公司使客户能通过借记卡账户进行支付，实时接收账户状态的更新信息，可通过 40 000 个免手续费的自动取款机提取现金。它还可以帮助客户通过两个功能来分析他们的消费模式：金钱脉搏（MoneyPulse）和金钱路径（MoneyPath），把过去的一段收支记录通过丰富多彩的图形呈现出来。

据 Moven 公司的网站介绍，它的使命是帮助客户变得更加关注他们的开支，从而使他们能够实现自己的财务目标，为客户提供简单易用的工具来跟踪他们的支出，并通过图表来展示出他们的支出随着时间的推移而变化（这样他们就能保持兴趣并从而关注自己账户的变化情况），他们还可以进入一个用户友好的页面，上面会出现"你的支出快照，以及你在所有的银行和信用卡账户的财务状况全貌"等字样。

每次你从一个特定的商家买东西的时候，Moven 公司会给你发送一条通知信息，上面显示你已经在该商家花了多少钱以及你已经在该类商品上花了多少钱的快速摘要。

"比方说，你在咖啡店买了一杯拿铁咖啡，"布雷特解释说，"你会看到你在那家店已经花了多少钱，和你在咖啡上已经花了多少钱。这样的实时信息可以对你的消费习惯产生巨大的影响，因为它增强了你对自己在现实生活中是如何花钱的意识。"

在某些方面，Moven公司是通过为千禧一代提供能够完全满足他们需求的服务，来打破零售银行业的传统界限。我认为Moven公司在这方面所做的推动是基于所做的某种市场调研来完成的：许多千禧一代迫切需要基本的资金管理服务。研究表明，尽管他们能精妙地运用各种技术，但千禧一代似乎缺乏一些上一代所具备的基础货币管理能力。

对此，Moven公司标本兼治地提供了必要的服务，这些服务为千禧一代带来了愉悦的用户体验。对我来说，这就是在挑战中寻找商机的一个很好例子。或者，正如我们在马德拉斯的一句俗语："当你有柠檬时，那就做柠檬水吧。"

银行新时代的产物

布雷特认为，Moven公司所提供的那些手机银行服务，是从零售银行以前的客户产品中直接衍生而来的。

"在20世纪五六十年代，你拥有一个存折；在20世纪七八十年代，你拥有一本支票簿；在20世纪90年代和21世纪的第一个

第 3 章
欢迎来到 M 世代

十年,你拥有自动取款机的银行卡,"布雷特说,"今天,所有的这些'工具'都被移动电话所替代了。"

尽管手机银行看起来有点像把曾经熟悉的银行业务进一步抽象化,但很多年轻顾客可能会把它看作是自己与金融服务提供商之间关系的一种更切实的写照。

我认为,站在千禧一代客户的角度来看,移动电话是一种比存折、支票簿甚至银行卡都更为实用的、能展现其与银行关系的产品。

金融产品的演变,以及对什么是抽象的、什么是具体的看法的转变,是一个持续的过程。对于我们来说纸币似乎很真实,因为我们能直观地认识到它的价值,并接受它作为交换的媒介。我们只能猜测一个尼安德特人或克鲁马努人会拿纸币干什么。我想他们可能会用它来点燃火堆。

我还记得第一次听到合成衍生品时,它们对于我来说几乎完全是抽象的。20 年后,我们使用这些衍生品往往是那么理所当然。我们接受它们成为合法的金融工具,并且在我们的脑海中赋予了它们具体的价值。

因此,在对于什么是抽象的、什么是具体的辩论中,我的直觉是,从现在起五年内,手机银行对于千禧一代会变得越来越真实,就跟传统银行对于婴儿潮一代和 X 一代一样。

欢迎那些跟手机和平板电脑一起长大的 M 世代。作为银行从业人员,如果我们不在他们喜爱的设备上提供相应的银行服务,别人肯定会去这么做。

The Power of
Mobile Banking
How to Profit from the
Revolution in
Retail Financial Services

第 4 章
移动支付时代的到来

移动支付让信用卡变得更普及

我认为这是一个普遍的共识：信用卡被广泛使用对于消费经济来说是一件无上的幸事。人们无需从钱包底部翻找额外的几块钱就能做出完全不同的选择：是冲动购买，还是只能走开。使用信用卡不仅增加了你买到自己所渴望的东西的可能性，同时也增加了你能购买东西的数量，因此你的每次购物之旅所花费的金额同样也会上升。

因此，从纯理论的角度来看，商家们都应该欢迎信用卡。但实际上，许多商家却很讨厌它。原因是：每次商家刷信用卡时，信用卡公司就会拿走一部分费用。直到最近，信用卡公司依然还在运用他们的杠杆调控把信用卡使用的手续费设置到他们所希望的水平。但随着移动技术的发展，让几乎所有商人或个人都拥有信用卡，从而营造了一种充满竞争和创新的新氛围。其结果是，过去许多不愿意接受信用卡的商家也开始竞相拥抱它们。

菲利普·米勒（Phillip M.Miller）是万事达卡使用者知识中心（Acquirer Knowledge Center）的全球负责人。他的主要职责是帮助公司拓展那些会接受万事达卡的商家。因此，在他看来，移动技术绝对是一件好事。

"今天，移动技术正在促使那些原来不愿意或不能使用信用卡的商家去接受信用卡。"菲利普说。新一代手机支付技术使得商家更加容易接受信用卡。你所需要的仅仅是一部带有读卡器功能的智能手机和一款正确的移动应用程序，然后你就可以接受信用卡支付。

"很多消费者随身携带信用卡，他们希望不管去哪家商店购物，都能使用这些信用卡，"菲利普接着说道，"但小商户惧怕因那些笨重的机器和繁琐的过程而带来的麻烦。现在，随着越来越多的商家了解智能手机和移动设备所提供的功能，他们会越来越愿意接受通过信用卡来进行大型和小型交易的这种想法。"

移动支付方案的迅速扩展将会对消费领域产生巨大影响。目前，全球大约15%的交易都是通过信用卡完成的，剩下85%的交易则是通过现金、支票或通过自动清算所转账完成的。

像万事达、维萨和美国运通等信用卡公司看到了小商家采用移动支付技术所带来的潜在盈利机会。对他们而言，这意味着数以万亿计的用于购物的金钱将从现金、支票和自动清算所转账等传统支付形式转变到通过信用卡、借记卡和预付卡完成支付，这是一个多

第 4 章
移动支付时代的到来

么令人惊喜的机会呀!

"对于商家而言,通过现金交易可能会导致高成本。你必须保证现金的安全,它可能会被放错地方或被偷窃。接受支付卡意味着你可以降低这些风险。"菲利普说。

这也给那些靠冲动购买创收的小商户带来了潜在的福音。"对于那些商家而言,谁接受信用卡支付,谁实际上就获得了更高的销售额,因为如果消费者口袋里的现金只能买一两件商品,而通过他们的信用卡或借记卡购买则可以买三四件,"菲利普说,"比方说,在一个周末举行的工艺品博览会上,你看到了想买的东西,其中一些手工制作的工艺品价格很昂贵,你口袋里可能没有足够的现金进行购买。如果卖方能够通过移动设备来刷你的信用卡或借记卡的话,那将会是一个双赢的结果。"

移动支付的兴起是否会导致支票簿的消亡?是的,也许会。正如菲利普指出,许多人通常会对诸如园艺、家务和垃圾拖运等服务进行支付时使用支票簿。"将来某一天,园丁也许会接受信用卡,因为这对他来说省去了许多麻烦,他将不必担心存款和确认支票的问题,"菲利普说,"支票对于银行来说同样是高成本的。"

作为一名银行家,我完全同意这一观点,即处理支票无疑是高成本的,大多数银行会很乐意退出支票业务。

电子支付卡在新兴经济体中也将起到很大的帮助作用。在那里,现金几乎只用于市区以外的地区。信用卡和借记卡不太容易被盗,而且更易被追踪去向。通过卡的交易会留下卡的使用踪迹,从而在必要时可以进行追踪与审查。目前,通过卡的交易记录进行跟踪和审计的功能和应用仍有很大的上升空间，这包括减少欺诈、加快存款速度、为地方政府增加税收等，因为要掩盖信用卡和借记卡交易记录比现金交易难得多。

移动支付的四种类型

班诺什·帕布（Banesh Prabhu）是泰国暹罗商业银行（Siam Commercial Bank）的高级执行副总裁兼技术和运营部门负责人。他是我的一位前同事，曾在花旗银行担任过多个高层职位，包括花旗银行的全球消费者群体国际部门的全球运营负责人。我最近向他征询了移动技术对银行业造成影响的看法。他的答复具有指导性和启发性。

"从面向客户的角度来看，我认为在很多领域，手机银行服务实际上已经超越了基于网页的银行服务，尤其是对于大众市场来说，"班诺什说，"手机银行最大的机遇在于移动支付。同时，现在越来越多的银行业务也已在移动设备上发生。"

班诺什列出了移动支付将大行其道的四种支付类型：

- 消费者在购买过程中直接支付给商家，他们通常使用一个没有卡的银行账户；
- 人们相互之间的付款；
- 充值付款，例如美国的公路电子收费系统 E-ZPass 和手机充值；
- 对商家的账单支付（例如：水电费、按揭付款）。

第4章
移动支付时代的到来

以上班诺什所列出的移动支付类型揭示了一个对于银行来说的全新机会，要想在对人员、流程和技术做出正确的投资，就需要实施和支持移动平台。

班诺什同时还看到了银行越来越多的机会，银行可以通过他们客户自己的移动设备来提供用户友好的信息服务。移动还将加速电子商务的持续增长，这将促使银行开发出更多新的潜在的可盈利模式来吸引消费者。

这就是说，班诺什极力建议银行应瞄准"渠道效率"，即银行应努力通过移动渠道尽可能以低成本来提供最佳的客户体验。"以最低的成本提供一流的服务，这显然是你应该追求的目标之一。"班诺什说。

我们的想法很简单：随着消费者对手机银行的感觉越来越好，对于银行许多类型的服务，消费者将更倾向于通过手机进行交互，以取代传统的面对面的互动。随着越来越多的客户转移到移动渠道，银行就可以减少对其分支机构的投入。这些省下来的钱可用于投资开发更好的移动服务，为银行及其客户创造一个双赢的局面。

"随着时间的推移，我看到手机在大众市场上降低单位成本的效果很明显，"班诺什说，"在我看来，主要策略是要促使尽可能多的客户进入到移动的世界中，这包括了在各级银行、发展中国家和发达经济体中的各类客户。"

我很欣赏班诺什关于如何专注于手机银行的商业案例。当我听到班诺什说这些的时候，我突然想到手机银行就好比自动取款机：这似乎有些奇怪和不寻常。许多人曾经由于各种各样的原因抵制使用自动取款机的卡。但是，现在每个人都拥有一个自动取款机的卡。而事实上，移动支付也正在使自动取款机的卡本身变成一种过去式。跟班诺什一样，我预测手机银行将会逐渐被人们所接受，之后将会是更为广泛的普及。到那时，自动取款机的卡就会变得越来越少见了。

The Power of
Mobile Banking
How to Profit from the
Revolution in
Retail Financial Services

第 5 章
构建手机银行的渠道战略

渠道战略的准备步骤

正如哈姆雷特对赫瑞修（Horatio）所说的："只要随时准备着就好了。"

尽管哈姆雷特说完这句话几分钟后就被欧菲莉亚的哥哥莱欧提斯（Laertes）用毒剑刺中，但是他的核心思想是正确的：提前做好准备。

正是基于这个想法，我对所有正在考虑手机银行战略的人提出的问题是：你准备好了吗？

为了帮助你回答这个问题，我在下面罗列出检验你是否准备就绪的步骤表。当你检查好所有的项目后，你就可以开始你的征途了。

- 步骤 1：设定你的目标。你的目标是什么？是要增加收入、降低成本，还是保护既有市场、开发新市场？或仅仅是为了跟风攀比？
- 步骤 2：找出你的市场策略真正希望从手机银行应用程序中获得什么。然后请遵循连续创业天才企业家史蒂夫•伯兰克（Steve Blank）亘古不变的建议：走出大楼，跟客户对话。
- 步骤 3：决定是自己去开发还是购买一个应用程序。不论哪种方案，你都需要去了解你的应用程序开发者。移动应用程序的开发者是一个全新的并且不同以往的开发者类型，你绝对需要学会如何跟他们进行有效的沟通。
- 步骤 4：准备启动。推出一个成功的手机银行服务需要的不仅仅是开发一款优秀的应用程序，你还需要有合作伙伴并跟公司的其他部门协调合作：销售、市场、法务、信息技术IT部门、财务、运营等。你还需要成为一名传播者，并在公司内部推广服务。你必须确保在启动之前，所有相关人员都已经站在了起跑线上。
- 步骤 5：有计划地收集数据和测量结果。从服务上线的那一刻起，你就必须持续不断地分析这些收集上来的数据，并且根据你所获得的信息来优化、细分和提升你的产品。这是保持竞争领先优势的唯一途径。

你需要三思而后行，做好准备，千万不要模棱两可地匆忙开始。明确列出你的移动策略想要达到的目标，并且确保每个人都明白你要做的事情。

第 5 章
构建手机银行的渠道战略

然后你需要找到合适的人，开始组建团队来执行你的策略。除了应用程序开发人员，你还需要信息技术服务提供商、集成商和顾问来确保所有的技术能够在一起顺利无误地运行。

不要忘了成本和价格。一种典型的观点认为手机通常是一个低成本的渠道，但同样也应该让客户把它看作一个首选的渠道。因此，你需要确保它能为用户带来好处，并能提供真正优质的服务，而这种服务具有真正的价值和能提供独特的功能。

其中最基本而且非常重要的一点是，你需要确保当你将一份表格呈现给现有用户去填写之前，大部分的待填区域都已经由系统自动填写好了。那些看似微小的服务，比如表格预填充，是为了建立客户忠诚度而需要探索的一条漫漫长路。

此外，你还需要时刻谨记明天会比你预期的要来得早得多。你需要确保你的技术足够灵活并能够轻松升级、扩展、优化和重新调整，以满足市场不断变化的需求。请把人工智能放进你的系统中去，机器人时代已经来临，因此不要成为那个唯一没有把人工智能放进模块的人。

在你的系统中植入的人工智能和机器人技术能帮助你满足客户不断发展的需求，甚至一时的突发奇想和愿望。至少，人工智能能帮助你自动化你的自助服务产品，并在某些问题成为大麻烦之前发现它们。

当然，也不要忘了后端的整合。你的应用程序必须跟银行现有的系统和子系统无缝对接。换句话说，这些应用程序不能是独立不相关的产品。它们必须是一个更大的整体的一部分，并且跟现有的

IT 架构能够实现完全的相互操作。

从启动那一刻到用户完全退出手机银行平台（可以想象这将会是在很多年之后），你需要确保你一直在收集数据和密切关注主要性能指标。不要去猜测应用程序及其配套支持系统的性能，你唯一能做的是测量、测量、再测量。

在一定程度上，你将不得不把手机银行服务作为一个开端。这就意味着你无法准确预测服务的哪一方面对用户来讲是具有震撼力的，哪一方面完全是多此一举。再次强调一下，只要确保你的计划具备足够的灵活性，那么你就能在前进的过程中随时调整。

我在创业公司的一位朋友说他们的产品总是处于初始版本，也就是说，他们总是在不断地测试、测量和细化改进他们的产品或者服务。我已充分地认识到银行不会喜欢初始版本的想法，但是在很多情况下，你必须有什么就做什么。就像我的一个正在创业的朋友所说的："期待最好的结果，并做好最坏的打算。"

建立渠道战略的规则

我的朋友吉姆·马库斯（Jim Marous）是零售银行的业务专家，他写的《银行营销策略》(*Bank Marketing Strategy*) 是我非常推崇的博文之一。在最近一次关于手机银行的谈话中，他提出了一个非常棒的观点，我想在这里跟大家分享。其要点是：银行现在有一种倾向，那就是认为所有面向客户的渠道都应当能为客户提供一套大致相似的服务。这种错误的观念所导致的结果就是银行在多个渠道

第 5 章
构建手机银行的渠道战略

上花费很长时间去拓展能力。但从本质上来讲,银行却是在毫无意义的目标上花费了太多工夫。

并非所有的渠道都是一样的。有些渠道比另一些更有价值。有些渠道对于与某些客户的互动表现很好,但在其他类别的交互上并不太好。每个渠道都有各自的优缺点,以及各有利弊。

而且一个渠道并不需要去做所有的事情。如果你假设所有的渠道都提供相同范围的服务和功能,那将是一个严重的错误。实际上,情况正好相反。客户对于他们的移动设备能做什么和不能做什么都会有一个直观的认识。

我的建议是应该像完成烘烤蛋糕任务一样来制定你的渠道战略。是的,我们手里能掌握所需的全部原料固然非常重要,但是更为重要的是如何使用正确的比例,知道什么时候添加什么材料和准确地知道需要多长时间来烘培蛋糕。

正如吉姆所指出的,一些渠道(例如手机渠道)可能善于处理相对简单的实时交易,而银行营业网点可能仍是解决某些复杂问题和启动某些特定类型交易的最佳场所。又比如,如果有人在凌晨两点急需现金,那就仍需通过 ATM 机获得。并且调查显示,直接发送邮件依然是市场化某些银行产品的一个有效渠道。

在不远的将来,整个抵押申请和审批过程将会全部实现自动化并通过移动设备交付。然而在那天到来之前,银行营业网点和信贷员还是有必要的。我知道在这点上克里斯·斯金纳并不同意我的说法,但我仍相信银行业务转移到手机银行的过程将会是渐进式的和零碎的、逐渐进化的,而不是颠覆性的革命。这并不意味着变化不会造成任何破坏，而仅仅说明它将不会像某些专家预测的那么大张旗鼓地进行。

街上将不会有骚乱，至少我希望不会有。我们日常的感受不会受到太大的冲击和影响。我们期待的是稳步的改变，而这很可能就是我们将从手机银行的出现和发展中所看到的——缓慢而稳固的演变。

这就是为什么需要制定一种渠道的规则，取得进展并不需要戏剧性的方式和彻底的颠覆。如果你拼命尝试把每个渠道都做得很完美，或尝试为每个渠道加载新的令人叹为观止的功能，那其结果可能会是它所产生的平庸性将刺激和对抗你的客户。你的渠道战略或许在幻灯片中看起来很好，但是你的客户并不喜欢。

区别对待不同的渠道

我想在渠道战略这个话题上再多花点时间，因为掌握渠道之间的相互影响和关系非常重要。移动和在线银行似乎有着相似的渠道，但实际上它们是完全不同的，它们各自都有必须加以考虑的特有优势和弱点。

我最近采访了丹尼·唐（Danny Tang），他是IBM公司的渠道转型负责者。丹尼在IBM公司工作了12年，他周游世界各地并为银行高管提供关于行业最新趋势的资讯。丹尼提出了我还没有完全考虑到的几点建议。以下是我跟丹尼的访谈对话的节选：

第 5 章
构建手机银行的渠道战略

手机银行至今已经出现了四五年，因此我不再需要向人们解释和强调其重要性。然而我们却发现银行的关注点正在发生错位。有一段时间，他们将关注点集中在开发和推广移动的渠道上，主要就是引导消费者把他们的账户绑定在手机银行上。现在银行正重新回到改善客户体验的理念上。我们需要使手机银行更具吸引力和更容易使用，还需要在不增加复杂性的前提下使其添加更多的功能。

与此同时，银行还重新将重点放在了提高、更新和改善网上银行的体验上。在线银行的更新周期大体是五六年的时间。但是请回想一下五六年前是什么情况，那时智能手机的革命还没有发生，而现在几乎每个人都有一部智能手机。在不同的时期，人们会有不同的期望。手机银行的用户界面也发生了巨大的改变，旧的设计范本不再有效。

今天，银行已经开始重新重视改善自己的在线渠道。他们所开发的以手指为中心的设计能让在线体验更像是在移动设备上的体验。他们更新其网站以便跟上用户的步伐。

研究证实了这些观点。Ovum 咨询公司的一份关于 2014 年银行业发展的报告显示，银行把改善线上渠道作为了他们的首选，改善移动渠道是第二优先，最后才是改善营业网点。丹尼说，低估银行网点的价值也是不对的：

> 有些人认为银行网点已经不再具有生命力，但这跟事实相距甚远。银行业是一种感情上的业务，客户需要面对面的接触，特别是高端产品。最赚钱的产品仍然是通过银行营业网点

销售出去的,银行营业网点也是交易完成的地方。手机银行和在线银行是非常重要的渠道,但并不是唯一的渠道。银行营业网点依然在整个银行运营中发挥着非常重要的作用。

丹尼劝告银行在分配改善渠道的资源时要专注于业务目标。银行把范围惊人的各种产品和服务提供给一个广泛的客户群,在整个板块上开发强劲的渠道需要一个全盘的整体方案。某些聪明的银行家正在把他们在银行网点转型中省下的资金用来资助移动和在线渠道的创新。正如丹尼所建议的,你应该看看所有的渠道并且找出正确的投资组合。你需要确保每个通道都得到其应得到的重视,而不是拆东墙补西墙。

发展客户战略

让客户满意应当是移动渠道创新的主要目标。对很多行业来讲,客户的满意度比创新业务的成功更加重要,这条原则被奉为金科玉律。

然而在银行业,以客户为中心的理念还是一个相对较新的概念。大多数银行仍然是以产品为中心的组织架构。换句话说,几乎所有的活动和业务都是围绕着产品而进行的。对大多数银行来说,客户仅仅是过程中的偶发因素。

客户终身价值的概念在银行业已是众所周知,但还没有深深地印刻到多数银行高管的意识里。对大多数的零售商而言,他们正在积极推崇这种将客户作为他们商业战略中心的真知灼见。你不必去

第 5 章
构建手机银行的渠道战略

说服他们,因为他们所想的就是如何保持客户的满意度。

银行却不是这样,至少目前还不是这样。随着业务速度的不断加快和越来越多的金融交易转向移动设备,将越来越难以掩饰许多银行家在跟客户打交道时所表现出的真正的冷淡与漠不关心。

因此,手机银行遇到的最大挑战不是技术,而是文化。银行必须克服其古板地对待客户的天性。作为对这种天性的替代,银行需要谨慎地制定并精准地执行战略,以便在每个渠道中以及跟客户接触的每个点上都能满足和取悦客户。

银行真正需要了解的是:银行业存在几个世纪的以摩擦、不透明和神秘为特征的客户关系会因手机而改变。当你的客户拥有了一个移动设备的时候,你已经无处可藏了。

你准备好迎接被手机武装起来的客户了吗?你有没有对客户做出 360 度全景感知?你能在所有的产品线上计算出它们的终身价值吗?你是否了解他们的社会习惯,以便有效地推销你的产品和服务给他们以及他们的朋友?你能否追踪他们的购买行为,以便更紧密地整合外部合作伙伴的资源,例如零售商、服务商和信用卡公司?你是否使用大数据和预测分析来做出关于推出新产品和开拓新市场的决策?

推出你的手机银行应用商店

虽然我们的移动设备肯定拥有很多内置的功能,但我们评估它们的时候,关键还是要看应用程序。没有了应用程序,它们只是花哨的电话或时尚的平板电脑。

请记住这一点，因为它也适用于手机银行的世界。应用程序使得客户能在手机等移动设备上进行移动业务操作。如果没有专门的应用程序，也就没有手机银行。

如果你是一个银行家，那你需要反问一下："我需要去哪里获取应用程序，并如何把它们安装到客户的移动设备上？"

不久之前，你得到的回答可能是："起草一个详细的规划列表并把它交给首席信息官（CIO），因为他在IT部门已经有应用程序开发人员，如果你委婉地向他要求的话，他们可能就会把它放在将来交付的名单列表上。"

在某些银行里，这可能仍然是他们的工作方式。然而越来越多的银行正在开发公共的网络应用程序编程接口（API），这些API能让任何地方的开发人员去为他们开发应用程序。高德纳预测2016年，世界上一半领先的银行都将具有公共的API平台。

很显然，许多银行会纠结于开放公共API的想法。但如果他们能这么做，那他们能获得的优势将会很快压倒反对者。公共API通过鼓励和促进协作来加速应用程序的开发过程。不同于仅仅依赖IT部门里的少数开发人员，开放的API把开发过程开放给整个世界。任何开发者或者任何有开发能力的客户，只要他们愿意，都能参与进来。

正如高德纳公司预测所指出的，公共API平台允许第三方开发人员为特殊的需求构建高度定制的应用程序。比方说，你有一个小

第 5 章
构建手机银行的渠道战略

而利润高、有着特殊需求的移动客户群。这个特定的客户群影响力很大,你想让他们高兴。过去,你可能需要花费数百万美元和一个开发团队数年的时间来开发一款专门的软件。今天,该软件的开发能有效地外包给世界各地的开发人员,并在几周内以合理的成本迅速完成开发。

有了开放的 API,你可以以互联网速度进行创新。相对于那些墨守成规自己开发软件的竞争者,它将会给你带来令人难以置信的优势。当一个应用程序完成之后,把它放到你的应用程序商店中,你的客户立刻就能把它下载到他们的移动设备上并且开始使用。

开放的 API、公共的开发平台以及应用程序商店是新兴的移动应用生态系统的基本组成部分。当你越了解关于应用程序开发的工作,你就越能做好准备跟你的首席信息官和其他信息技术人员进行讨论,让他们来支持你的手机银行项目。

我最近发现一篇题为《2014:开放式生态系统年》(*2014: Year of the Open Ecosytem*)的好文章,是由该文作者格雷格·沙窕勒(Greg Satell)在他的博客"数字印第安人"中所写。以下是该文章的摘要,这跟我们正在讨论的内容非常相关:

> 当乔布斯和苹果公司在 2007 年 6 月推出 iPhone 的时候,真可谓一鸣惊人,数百名消费者在商店排起长队以求最先获得产品,苹果公司在第一年就出售了数以百万计的产品。仅仅五个季度之后,它就超越了黑莓手机——当时的市场领导者,成为了消费者的标识。

然而在这之后不到一年的时间里，苹果公司才真正改变了世界，那就是苹果App商店出现的时候。仅前三天，它的下载量就达到了1 000万，一年就达到了10亿多。回首那些早期的应用程序，它们似乎异常的简单，但在当时却是颠覆性的。

苹果公司从根本上将iPhone从一个消费者产品转化成了一个生态系统。公司提供类似软件开发工具包（SDKs）和应用程序编程接口（APIs），使得任何人在任何地方都可以改变和完善苹果产品的功能。

这也成为了苹果的一个重要优势。任何想要跟它竞争的公司或产品，与它要竞争的不仅是功能和性能，还有成千上万的独立软件开发人员的集体努力，他们都在竭力为苹果粉丝团创造有用的东西。

而且现在不再只限于苹果。今天，品牌正变成一个平台，它们更少依赖自己产品的特色，更多依赖的是互相联系的广度和质量。

格雷格的文章切中要害。这让我们开始真正地思考现有品牌在迅速发展的互联网连接的全球经济中所扮演的角色。

银行之外的竞争对手

吉姆·图萨尼（Jim Tosone）是一位经验丰富的IT主管，他一直密切关注着软件开发者的社群。我最近请他分享一下对银行移动应用程序开发的观点。吉姆指出，当我们谈论手机银行方面的竞争

第 5 章
构建手机银行的渠道战略

时，我们往往想到的是零售银行，而忘了在手机银行中有很多并不是传统的零售银行。例如，美国运通和联合服务汽车协会①，在严格意义上，它并不是零售银行，但是如果你想在手机银行领域中竞争，那你就得留意他们在做什么。

在我们的要求下，吉姆准备了一个手机银行应用程序所需要的关键元素的列表。在此我们要补充的是，吉姆既是即兴创作商业程序的创造者，也是敏捷软件开发方法的坚定支持者。因此不要对他的建议与敏捷实践和技术密切相关而感到惊讶。

"敏捷性的基本要素是简洁、实用、迭代、适应性计划、反应迅速、适应性强，"吉姆说，"当你站在开发者的角度来看手机银行应用程序时，你就会从不同层次上看到这些实际元素。例如，得克萨斯城市银行（City Bank Texas）开发了一款应用程序，允许客户不用登录即可查看余额和奖励状态，这就是一个简洁的最佳例子；Capital One 公司则开发一个能让用户在手机之间'撞'钱（转钱）的应用程序，这代表的是实用；BBVA 康百世银行（BBVA Compass Bank）已经发布了多代的 iPad 的应用程序，这是一个迭代的典型例子。"

我很欣赏吉姆在谈话中所特有的细致感和分寸感。他曾长时间担任辉瑞公司（Pfizer）IT 部门的负责人，因此他很明白细节的重要性。吉姆还提出了另外一个我以前没有考虑到的问题：随着手机银行应用程序变得更加普及和被广泛使用，客户一定会希望当他们

---

① USAA，成立于 1922 年，是一家提供多样化金融服务的集团公司，服务对象包括得克萨斯监管部门、银行及其子公司、家庭投资和保险服务以及美国军队。——译者注

在使用应用程序遇到问题或者需要技术支持时，银行的营业网点的员工能提供帮助。这就意味着银行分支机构的员工需要接受培训，以便为客户提供基本的技术支持，解决他们关于手机银行应用的问题，这个培训既是最基本的，也是必不可少的。我不是说银行的每一个营业网点都需要有这么一个咨询台，但可以肯定的是，客户会问一些技术问题并且希望得到合理有用的解答。

"因为移动应用的更新会比在线应用更加频繁，在银行分支机构工作的人必须更加敏捷地跟上其所在银行应用程序最新版本的更新速度，"吉姆说，"这同样适用于在银行呼叫中心工作的人。他们也许能跟上银行在线软件的更新，但是现在他们不得不跟上银行移动应用程序的变化，这将是一个更快、更新的时间表。"

吉姆基于自身经验的洞察力绝对是无价的。在很多方面，银行不得不开始像 IT 公司一样思考并开拓应对前进中所遇到的技术支持问题的能力。

"创建一个敏捷的思维定式是至关重要的，因为事情总是在不断变化的。"吉姆说。实际上，是移动性迫使银行去应对其文化观念的转变。在过去，只有一些事情被打破的时候才会发生改变。今天，变革被认为是一个应当去拥抱的机会，而不是一个要去解决的问题。睿智的企业会想出让人们易于接受变革的办法来。当人们自然而然地接受变革的时候，他们的期望和现实世界的隔断就会变得越来越少了。

今天，变革几乎是在每个竞争中都无法回避的。那些不学会改变的企业跟他们那些更加敏捷的竞争对手相比，更容易失去他们的市场份额。

API 才是银行的未来出路

尽管我不想把这本书变成一份技术资料，但书中提到的软件开发的某些方面竟然与银行家的世界观令人难以置信地一致。对于这个问题，现代银行或者任何现代企业如果还是认为他们能完全依赖于传统的软件开发，那绝对是非常可笑的。这种想法在现代飞速变化的世界中是根本行不通的。这种想法就像是在印第安纳波利斯 500 赛道上驾驶斯坦利蒸汽汽车一样。

越来越多的软件是由外部开发人员通过开放的应用程序编程接口 API 进行开发的。下面这个非常好的观察实例来自于梅菲尔德基金（Mayfield Fund）的常务董事罗宾·瓦萨（Robin Vasan）：

> 如今，开发者与终端用户一样希望获得即时的体验。不必下载、配置和管理相关的软件组件，越来越多的这类功能需要被打包成一项服务，因此，这一切便迁移到了云服务上。同样重要的是，软件开发是一门艺术，程序员希望有一个简单优雅的编程接口。
>
> 看起来，面向服务的架构的承诺终于得以实现，它给创新的商业模式带来了强大的机会。

在罗宾看来，世界是 API 化的，那些不理解甚至抵触这一趋势的公司只能咎由自取。正如罗宾指出的："Facebook 拥有数百个社区领域的 API，比如朋友、照片、兴趣和事件；谷歌拥有数以千计的搜索、广告、网络分析、youtube、地图、邮件和其他更多的 API。亚马逊公司则拥有非常广泛的 API，涵盖了从阿勒萨（Alexa）网络访问流量排名，到电子商务产品和价格信息，甚至到启动和停止个人计算机。"

API 才是未来，聪明的公司已经搭上了这趟车。API 化的业务将不再局限于面向客户的应用程序，它还将包括客户看不到的业务流程软件。事实上，API 化代表了服务导向型的架构（Service Oriented Architecture，SOA）的胜利，服务导向型的架构使得开发新的软件可以基于那些现有的零碎软件模块，这是一种乐高式的软件开发模式。

手机银行的价值主张

我想稍微重新整理一下关于手机银行的所有价值主张，并以此来结束这一章。直到此刻，我一直在强调手机银行是有价值的，主要是因为它能使传统银行业的现有业务范围扩展到新的市场，并击退来侵犯的非传统竞争行业，例如零售业和电信业。从某个意义上说，我的观点一直是专注于寻找组织以外的价值。

现在，我想再加上另一个证据来支撑我的观点，那就是手机银行也可以作为一个平台或者依托点，在行业内部创造新的和不可想象的效率。换句话说，手机银行对内对外都能带来好处。此外，从长远来看，相比外部利益，其产生的内部利益能被证明是有价值的，甚至是非常珍贵的。

2013年6月，A.T Kearney咨询公司的托斯滕·埃斯特（Torsten Eistert）和马蒂亚斯·乌尔里希（Mathias Ullrich）发表了一篇题为《简化零售银行产品组合：简单是制胜的不二法宝》（*Reducing Complexity in Retail Banking：Simple Wins Every Time*）的优秀论文，论文中，他们令人信服地指出大部分银行需要精简他们的产品。以下是关于这篇论文中的一段精彩节选：

> 在重新装修的旧房子里，客厅装饰一新，但阁楼上却仍然堆放着破旧的扶手椅和废弃的桌子。大多数银行就像这些重新装修过的房子一样，在那些光鲜的创新产品背后还隐藏着大量陈旧过时的产品。这些产品大多需要复杂的处理流程，又不能为销售额作出任何贡献。产品过剩不仅限制了利润的增长，还限制了银行应对外界压力的灵活性。

埃斯特和乌尔里希建议银行清理"阁楼"，并指出那些堆在一起的"杂物"不仅显得杂乱，也降低了收益率。以下是他们论文中的另外一段摘录：

> 以银行柜台服务为例：如果银行提供更多的产品，柜员就需要额外的时间解释产品、功能、价格和折扣，并且办理这些不同类型的交易。每一笔交易都有可能涉及一套全新的相关产品，从现金支付、存款到销售投资基金和储蓄计划，甚至还需要向客户解释定期存款的最新利率。这样复杂的前台工作不仅使期望得到完美服务的客户恼火，而且还会大幅提高服务成本。

这些产品即使能创造销售额，也会让利润非常单薄。当客户不明白为什么某项产品比其他产品更贵时，销售顾问往往最终不得已为其提供折扣，以满足客户的需求。这些折扣一般都是为产品试用阶段而设定的，但因为银行担心丢失客户，不一定能把试用期的价格调整回标准价格。

上述论文的作者还指出，过于复杂的产品组合会让 IT 成本保持在毫无必要的高度，他们写道："银行普遍的做法是维持一些老旧系统的持续运行，因为这些系统里面有大量以前遗留下来的贷款或长期抵押贷款信息，银行不希望因为系统迁移或升级的问题而去联系相关客户。"这听起来是不是很像在描述你的银行？我知道很多银行家会非常爽快地点头表示同意。

埃斯特和乌尔里希指出了银行产品堆积的三大主要原因：

- 以产品为中心的观念，而不是以客户为中心；
- 没有明确的规则和流程来监控产品的生命周期和终止老旧的或者不盈利的产品；
- 过于复杂的产品设计，主要来源于上百个产品的变种、多个品牌和积累的遗留产品。

作者建议用汽车制造商（如丰田公司）制造汽车的方式来打造银行产品：采用模块化的方法和精益制造原则。你看上去是在向忙碌的客户推销上千种不同的产品，而实际上你是在强迫他们花费数小时去区分相似产品，如果银行能为客户提供量身定做的基本产品的精简组合，以满足特定客户的需求，岂不是更有意义吗？

第 5 章
构建手机银行的渠道战略

我认为,正如埃斯特和乌尔里希在文章中提到的那样,手机银行可以作为简化产品组合的催化剂和平台,提供相关的处理流程。我们为什么不从人们希望在自己的移动设备上安装所需要的应用程序开始,反向进行产品组合呢?说实话,如果他们不想要应用程序的话,那他们也不会想要后面的服务。通过查看你的应用商店的指标就会很容易知道哪个应用程序更受欢迎。如果一个特定的应用程序无人下载,那么被淘汰的不仅仅是应用程序本身,还有它背后的服务。

也许我们应该放弃传统银行家的思维,而像园丁一样思考。每一个园丁都知道成功的关键在于保持不懈的警惕和耐心的日常护理,你需要在杂草压倒你所种植的植物之前拔除它们。这就是我们今天所面对的问题——太多的杂草和匮乏的园丁。

The Power of
Mobile Banking
How to Profit from the
Revolution in
Retail Financial Services

第 6 章

预付市场的巨大潜力

预付卡市场

我相信银行具有慈善的力量,并对人类是有益的,当银行得到妥善管理的时候,它们就能真正为个人、家庭、社区和国家服务。在这本书中,你所读到的大多数观点都是支持银行的。从历史和传统的角度来看,在我们日益增长的相互关联的全球经济中,银行虽然发展缓慢,但确确实实是创造和分配财富的基础。

这并不是我的妄想。我明白财富并不是完全公平分配的。但我就是作家马特·瑞德(Matt Ridley)所形容的"理性的乐观主义者"。

银行帮助人们存储、节省和花钱。如果没有银行,我们当中的有钱人就不得不把钱藏在床垫下,或者在去买东西的时候不得不随身带着钱；我们当中没钱的人在需要现金时，就不得不向高利贷或者其他掠夺性贷款人借款，以支付杂货商、水管工或者儿科医生的钱。

只要能为更多的人提供使用银行的机会，我都支持。对很多人来说，移动电话提供了一条途径。预付卡又提供了另外一条途径。

我们之所以能开上车是因为亨利·福特的发明，而不是因为卡尔·奔驰；我们使用个人电脑是因为比尔·盖茨的发明，而不是因为史蒂夫·乔布斯。也就是说，直到苹果电脑问世之前，个人电脑还是有众多忠实的支持者（这两个笔者都在使用）。我们使用智能手机是因为史蒂夫·乔布斯的发明，而不是因为麦克·拉萨里蒂斯（Mike Lazaridis，黑莓手机的发明者）。在很多情况下，产品和服务够好就已经相当不错了。解决方案并不需要完美，只要它有效、实用并且是实惠的。

预付卡就是一个很好的例子。尽管它并不是一个理想的解决方案，但对于目前来说，它还不错。在本章里，我们将看到预付卡是如何运作的，并探讨一下它们目前所蕴藏的商机。

首先，让我们来了解一些背景。在美国，有5 200万人没有银行账户或没有使用过银行服务。在当今竞争激烈的环境中，如此巨大的市场是不容银行所忽视的。在过去两三年中，银行一直在争取这一部分没有银行账户和缺乏银行服务的客户的市场份额。其中一个最主要的武器就是预付卡。

另一个推动银行采用预付卡的强大力量就是本能的生存危机。银行已经被一些新兴企业打了个措手不及，如PayPal现在有近万亿

第6章
预付市场的巨大潜力

美元的交易支付额。10 年前，所有的这些交易都是由银行处理的。如今银行正在拼命努力收回这些他们认为失去的领地。另外，银行还担心在自己现有的领地上，他们将不得不面对意图复制 Paypal 成功经验的新一代公司的威胁。

这就是为什么银行要把预付卡当作一个大好机会的原因。预付卡市场每年都在成倍增长，在很多国家同样如此，如美国、巴西、墨西哥、意大利、印度、加拿大、俄罗斯和一部分中东地区。在世界范围内，可统计的总成交量预计将达到 1 万亿美元。

以下是几组有用的数据：

- 开环预付卡[①]市场在各个国家均有增长，并有望在 2017 年达到 8 220 亿美元的总量规模，从 2010 年算起的年复合增长率已达到 22%；
- 2012 年闭环预付卡的美元总量规模预计有 2 436 亿美元。闭环预付卡的市场目前相对停滞，而且在未来将会保持不变。

除了美国，其他几个国家包括巴西、墨西哥、意大利、英国/爱尔兰、印度、加拿大、俄罗斯和沙特阿拉伯/阿拉伯联合酋长国，预计都会在预付卡市场起到关键的推动作用，这些国家对开环预付卡市场的贡献预计累计能达到 31%。银行把预付卡持有者看作是自然的潜在客户。银行已经发放了大量的塑料卡，而预付卡被视为零售银行现有产品组合的一个合乎常理的附加品。

---

① 开环卡是指由银行发行的典型的通用卡，就像美国运通卡、维萨卡、万事达卡或发现卡（Discover logo），能在任何接受的地方使用。支付通过商户确认，通常会有一部分使用费用。而闭环卡则只能在某个商店或者连锁店使用，如星巴克卡或者百思买卡。　　——译者注

银行认为预付卡另一个具有很大吸引力的地方是，美国政府每天在每个州都会通过它来给数以百万计的人分发福利。

如果你是一家银行，那政府一定会是你最重要的客户之一。作为大客户，政府还会购买许多不同类型的银行服务，包括从支票账户到养老金的管理。没有一家银行愿意失去政府的业务，对传统的银行家来说，让出预付卡市场份额给非传统银行组织的想法简直就是一个诅咒。

当我在花旗银行工作的时候，大多数的政府福利都是通过信件分发支票的。这种方法很低效，其中的原因是：(1)准备支票和信件非常昂贵；(2)当你把支票放到信件之后，很难确定是否是真正的收件人收到了付款。如果支票没有被兑现，我们没有办法知道是因为地址错误、邮递员的无心错误、被盗，还是因为混乱（很多的福利受益人是老人和体弱者）或者其他别的原因。

我们代表政府寄出了数百万的支票，并且希望大多数支票能送到正确的接收人手中。正如你想象的一样，欺诈是另一个问题。有时候收件人已经去世了，但是他或她的亲属还在兑现支票。我们真的没有办法知道这一点。

当然，这不仅是美国政府的问题。在欧洲，政府也会把退休金发放给已经搬到世界各地的退休人员。其中有些退休人员搬到美国居住，那些欧洲机构发现自己也和美国政府和机构一样面临着同样的问题。

今天，大多数政府部门已经通过直接存入支票账户实现电子化分发福利。但是还有很大一部分福利是通过直接存入预付卡进行支

第 6 章
预付市场的巨大潜力

付的，这就使得政府成为了预付卡市场的主要参与者。

对于政府而言，使用预付卡的主要益处在于能够降低运营成本和减少浪费。使用预付卡来分发福利也可以生成海量的数据，这些数据能被加以分析和转换成有用的洞见，以便产生更强劲的驱动力。预付卡给予政府更多的控制权，因此政府现在可以说："这就是你的卡，别弄丢了。如果你弄丢了，你就不能及时收到福利。"

然而，预付卡通常有这样一种潜力：它在把资金投入流通方面要比支票快得多。在所有形式中，数字银行有着更快的速度，因此在整个福利系统和其利益相关者中产生了一系列连锁反应，这其中也包括了数百万为接受福利的人和家庭提供服务的小公司。说实话，当你需要钱的时候，你肯定希望能立刻拿到。因此速度才是硬道理。

大型银行如花旗和摩根大通，也希望能进入预付卡市场，但是他们的成本结构使其在跟新兴非银行公司的竞争中变得很困难，像NetSpend、Green Dot、AccountNow 和速汇金公司（MoneyGram）等公司的运营成本非常低，跟大型银行相比，他们在预付交易中能产生更高的利润。

非银行金融机构能以低成本运作是有很多原因的：一些非银行金融机构开发了他们自己的网络；而另一些则开发了他们自己的处理技术。由于前期在技术和基础设施上的投入，现在他们就具备竞争优势并且不必依靠第三方厂商来操作。这就意味着他们的运营成本比传统银行要低得多。

作为市场新进入者，非银行机构能选择更加经济的地理位置，把运营中心建立在美国成本相对较低的州。他们的另一个优势是条条框框限制得更少。非银行机构所受到的监管没有传统银行那么严格，因此与现有的银行相比，合乎规范就成了一个较小的成本因素。

对那些现有的、想在预付卡领域竞争的银行来说，其旧有的系统也是一个问题。一家大型银行的 IT 系统是紧密整合在一起的。从商业角度来看，这样一个紧密整合的系统是绝对有益的。但是这样的整合尽管能让企业级的 IT 系统运营变得更加便捷高效，但却使得在内部实现快速创新变得异常困难，因为一部分系统的改变无法在不影响系统其他部分的情况下来实现，结果就导致了创新成为大型银行一个真正的挑战。

另外一个障碍是外包。许多大型银行把他们运营的大部分业务外包给其他公司，例如 IBM、埃森哲公司以及其他跨国公司。这些外包业务非常复杂，很难在中途改变。因此外包本身对创新来讲也是一个阻碍，至少对大型银行来说是这样的。

还有一点：传统银行收取的处理费用是受法律限制的。就像之前说的，非银行机构并没有传统银行那么严格的限制，从而使非银行机构在涉及费用方面有更多的灵活性。

最后一点就是，非银行机构倾向于把自己看作是初创企业，因此经常用初创的心态去运作，这使得他们比传统银行更加灵活和敏捷地规避风险。所有这些特性让他们在新兴市场中比传统银行更具优势，在这些市场中很难预测将会发生什么，也没有一个成功的记录可供参考。

第6章
预付市场的巨大潜力

总之，由于存在很多潜在的经济回报，银行也积极参与到预付卡市场的竞争中，但其中也有他们需要克服的许多障碍。如今，非银行机构收购现有的银行已不足为奇，那么传统银行开始收购非银行机构的时刻也应当为时不远了。目前，尽管还不清楚这种新的混合架构将如何运作，但可以肯定的是，这个行业正在迅猛发展，而且传统银行和新兴企业都把预付卡看作是走向更加全面的移动支付系统的一个垫脚石。由此不难想象出这样一条进化路径——从支票到在线、从预付再到移动，问题只是什么时候发生和发生得有多快而已。

普惠金融

我们不妨回头问一下自己，为什么预付卡现象如此重要？这是因为使用预付卡是让世界上25亿需要金融服务但是无法获得的人在实现普惠金融的道路上迈出的重要一步。想象一下，如果突然有一天，这25亿人都能获得安全、合法和监管下的金融服务，那将给全球经济带来多大的促进！

如果我们想让全球经济健康稳步增长的话，那么实现世界范围的普惠金融的目标并不是一个白日梦或者只是银行家的幻想，而是切实可行并能实现和有必要的。我把那些没有银行账户的客户和缺乏银行服务的客户看作是潜在用户。我们的目标就是尽快让他们进入到金融系统中来。

显然，预付卡是往正确方向迈出的第一步，但要让25亿人使用预付卡并不是凭少数机构或者某一个行业的力量就能做到的，这需要政府和私人机构全面的合作才能实现。

正如前面所说，政府和私营机构已经建立起合作伙伴关系以服务于预付卡市场，接下来的工作就是在现有的框架中加入一些正式的架构，以形成真正强大的系统，并把它扩展到全球范围。

预付卡的另一个有利方面在于，它被当作一种预信用卡来使用。我这么说意味着什么呢？简单讲就是，一张预付卡所提供的功能跟信用卡类似，但是比信用卡成本要低。然而，无论是信用卡还是预付卡都无需使用现金，并去除了交易的摩擦。两者都能提高安全保障水平，并创建可被监测和分析的审计踪迹。

从银行的角度来看，预付卡的一大优势是它不需要信用查验，从而迅速降低银行成本。而另一个优势则在于银行不需要持有准备金，从而释放其运营资本。信用卡的情况则不同，银行被要求持有一个安全水平的准备金以应对可能违约的持卡人。

理论上来讲，至少预付卡的费用应当比信用卡的费用要低（预付卡的费用低是因为它是预充值的，因此没有信用风险。正因为是预充值，银行不必设置额外的资金，因为它根本就不是一个信用产品），这对使用者也是有利的。另外一个对使用者有利的是预付卡能够被追踪，能够帮助持卡人建立一个金融信用记录，当他或她在将来的某个时间需要申请信用贷款的时候就非常有用了。

第6章
预付市场的巨大潜力

预付卡的现状和未来

预付费的好处是巨大的。预付卡有着服务于当今世界上 25 亿跟银行没有关系的客户的潜力。这个尚未开发的市场并不仅限于亚洲、非洲和中东，它在全球的覆盖面很广。任何一个无法使用基础银行设施的人都是一个潜在的客户。其中包括：

- 那些接受现金支付但没有账户的人；
- 那些接受支票支付但没有账户的人；
- 那些因为没有支票账户而用现金支付账单的人；
- 那些负担不起传统银行所收取的手续费的人；
- 那些缺少现金时依赖掠夺性贷款的人。

促使预付市场发生变化的因素包括以下几种情况。

- **对普惠金融的重新关注**。由于政府的强制或出于商业判断的驱动，企业也能服务于惠普金融，他们可以为那些没有银行账户的员工将现金和支票转换成电子支付来实现工资支付。预计 2017 年，企业工资支付的规模在全球范围内会达到 1 910 亿美元。
- **组织机构的成本效益选择**。预付卡使商业和政府机构增加金融包容性／普惠性，同时降低处理成本、提高效率和风险管理能力。
- **日益增长的通用预付卡的接受力**。在零售销售点（POS）不断被普及的通用预付卡也推动了从现金到电子支付的转移。
- **预付运营无需资本**。不像银行被要求保持一定数量的资金来启动信用卡的运营，预付卡业务可以在没有重大投资决策的情况下轻松启动。

目前预付卡在条例管制方面也发生了显著的变化。在美国，《多德—弗兰克法案》（Dodd-Frank Act）的《德宾修正案》（Durbin Amendment）已经构架出了预付卡交换费的框架。根据 2011 年 10 月 1 日开始实施的《德宾修正案》，美联储规定借记卡的交易费以 21 美分加上交易的 0.05% 封顶。预付卡行业从这个修正案中得以幸免，因为闭环可再充值的预付卡被免收交易费，然而开环预付卡、网络品牌和一次性充值卡都将有交易费。

目前，与开环市场相比，闭环市场相对比较小些。闭环预付卡只能用在发行商自己的产品或者有限的目的上，例如预付礼品卡，而开环卡可以多用途使用，例如在不同的商店买东西或者支付账单。

透支费用条例的变化也产生了一定的影响。在 2010 年 8 月 22 日，美联储出台了条例 E，该条例限制了可计入账户的透支费用。除此之外，客户必须选择他们是否需要透支保护（透支费用对预付卡的影响是很小的，因为大多数预付卡都不提供透支保护，而且需要在使用前存入资金）。透支费用的丧失促使银行开始寻找其他可替代的收入来源，其中就包括了预付卡。

条例变化的结果就是银行开始提高基本账户的费用，同时提供预付卡给那些因为高额的费用而离开银行的客户。

预付卡之所以大受银行欢迎是因为它们不受美国《多德—弗兰

克法案》的限制，该法案使银行从商户那里收取的通过借记卡进行支付而产生的收入减少了。预付卡对银行也没有任何的信用风险，因为持卡人用的是自己预先存入的钱。

企业对预付市场的高度重视

一些公司早已按捺不住，先于银行去发掘预付市场。沃尔玛公司和美国运通公司合作推出了蓝鸟（Bluebird）项目，这是一种全新的预付借记卡。蓝鸟卡没有月租费、年费或者激活费（银行提供的预付卡除了激活费、与客户服务代表的沟通费用外，还有在自动存取款机上查询余额和其他交易的费用，最后每个月还有 5 美元或以上的基本费用）。

沃尔玛公司和美国运通公司看到了有这种需求背后的巨大市场，于是决定自己开展业务。2014 年，预付借记卡和工资卡用户的总数在美国达到了 1 240 万。这是一个巨大的潜在市场，沃尔玛和美国运通都不想被抛在后面。他们不仅看到 Green Dot 和 NetSpend 这些非银行公司正在进军金融服务市场，也看到了大幅减少的传统借记卡交易加强了对预付借记卡的普及使用。

毫无疑问，银行业正在密切地关注着预付卡市场，正如表 6—1 所示。然而更令我感到兴奋的是，我看到非银行参与者也纷纷加入进来，并且在从未被发现的市场中开始淘金。

例如，大学生代表了一大部分未被服务的市场，仅有 11% 的大学生在入学的时候就拥有支票账户。比较积极的企业，例如

HigherOne公司已经在这个市场里发现了一个潜在的好机会，那就是给学生提供一种所谓的退款卡来接收他们学校的退款（当学校在某段时期对学生过度收费，或给学生提供了勤工俭学补助，又或在注册过程完成后费用下调了，这时候就会产生退款。在某些情况下，学生需要按一定的要求，比如获得某项技能的认证，才能得到报销）。如果你目前没有上学的孩子或者不认识在学校的学生，这听起来不是一个大问题。但是退款的数额正在不断上升，于是HigherOne公司设计了一个系统将这些退款直接与预付卡对接。该系统目前被120万大学生所使用。

银行也跌跌撞撞地闯进了被称为二次机会账户的领域。大多数银行因不能为那些被视为没有资格拥有支票账户的客户提供任何服务，只好眼睁睁地看着钱溜走。而今，预付卡使得银行能够跟那些还没有资格拥有支票账户的客户建立联系，而这些人可能明天就拥有了这样的资格，这一切正是由于银行忽略了个体客户的潜在生命价值所导致的，这种价值是可以被培养并随着时间而增长的。

表6—1　　　　　预付市场中最近的合并合作案例

活动	类别	说明	前景
美国银行	直接收购	美国银行收购了FSV支付系统，这是一个预付卡的处理系统，预期这笔交易会很快结束	这项收购被认为能够加强美国银行在预付市场的地位。预付市场在过去的十年中已经成为其战略聚焦点，并且这项收购将帮助美国银行提供一整套的预付服务

第 6 章
预付市场的巨大潜力

（续表）

活动	类别	说明	前景
沃尔玛和美国运通	战略联盟	2012年10月，沃尔玛和美国运通推出了被称为蓝鸟卡的预付借记卡	这项合作的目的是加强两家公司在预付市场的地位
摩根大通的GPR预付卡	银行进入预付卡市场	2012年7月，摩根大通推出了自己的GPR预付卡，品牌为大通现金	摩根大通进入了预付市场，成为预付市场增长的一分子，以重新获取因为不同的金融条例所带来的收入损失
五三银行的可充值预付卡	银行进入预付卡市场	2012年11月，美国地区性银行——五三银行推出了可充值的预付卡——Access360	银行期望从预付卡业务中获得额外收入。

ATM 机和预付卡

我的好朋友托德·纳托尔（Todd Nuttall）是美国运通世界科技金融公司（American Express Worldwide Technology Finance）的前副总裁和首席财务官，在任职期间，他负责世界各地的数据中心和数据业务的所有支出。在他职业生涯的早期，他还曾在波音公司从事波音777的项目创建。现在他是 Better ATM 机服务公司的首席执行官，这是一家连接 ATM 机和预付行业的技术创新公司。

"我们开发出了一系列简单的技术允许现有的 ATM 机直接从现

金池里发放预付卡，例如万事达卡和维萨卡，"托德说，"我们帮助银行填补了为客户提供的一项服务空白。"

托德认为，让银行把预付卡市场拱手让给非银行企业是毫无意义的。"使用 ATM 机的人也会购买预付卡，但是他们是在其他地方购买这些卡的，"托德说，"那么为什么不把这些业务留在银行呢？"

对托德·纳托尔的专访

我（以下简称 SK）最近向托德（以下简称 TN）询问了一系列有关银行业未来的问题，他的回答是如此的翔实，于是我决定逐字记录在本书中，尽量不做修改。

SK：一般情况下，技术是如何改变银行及其客户之间的关系的？

TN：技术正在改变银行和客户之间的所有关系。对大多数人来讲，银行意味着写支票、平衡支票本，以及经常去银行营业网点存款。实际上，网上支付和简单易用的借记卡交易已经排除了支票的取款以及其他基本服务的使用。网上银行服务已经减少了银行应寄出的月流水账单的需求，因为银行客户能在线快速查看交易，或者自动把信息传给例如 Quicken 或 MS Money 之类的产品。现在有了手机应用程序，我们看到手机银行能满足很多需求，例如查询余额、查看交易、问题提醒甚至兑现支票。我两个小时前才刚刚用我的手机兑现了一张支票。

还有一个重要的变化体现在 ATM 机技术的不断扩展和改进上。

第6章
预付市场的巨大潜力

ATM 机现在可以处理即时现金和支票存款，不再使用信封，也没有邮寄所产生的延迟，但它还远不止于此。有了以上这些便利后，顾客亲自前往银行营业网点的需求已经被大大削弱了。从我自身的经历来看，我估计去银行营业网点的需求已经减少了 80%。因此，银行已经意识到，平衡调整 ATM 机的时间和地点收益是非常重要的，这样就可以让客户在他们期望的地方获得他们想要的东西。银行也在逐渐缩减他们的营业网点来支持 ATM 机微型中心，在这里多功能的 ATM 机才是跟客户沟通的界面。

这样一来，银行必须在这样一个全新的无营业网点的业务环境中，跟客户建立全新的关系。到目前为止，我们还没有看到在这个领域中出现的赢家或者颠覆者。事实上，我们所看到的是服务的增长，例如美国运通蓝鸟卡，基本上取代了传统银行分支机构的需求。实际上，银行被技术公司横插一杠，以提供类似银行的服务。

SK：你认为一个理想的客户体验应该是什么样的？

TN：当我所选择的机构能真正为我做些事情，我会很高兴。这就是说，很难去描述"什么是理想的"，因为每个人理想的都完全不同，我们会对不同的口味、颜色和互动感到高兴。

就我而言，我是一个控制狂，但我讨厌把我的时间浪费在一些基本的数据工作上。例如，我使用 Quicken 来管理我的个人财务，但却发现它存在严重不足。Quicken 的界面看起来很老旧，而且它需要很多技术技巧才能把我所有的账户和信用卡连接起来。

理想的客户体验应该是通过一个单一的来源来跟踪、记录和将我所有的金融需求进行分类。人们希望使用自己觉得最合适、最方便的支付方式或者金融方法来处理手头的业务。目前，信用卡、借记卡和预付卡还不能完全替代现金，它们仅仅是满足了某种需求。

很少有支付方式会消失或者被彻底取代。现在，人们依然普遍使用所有可用的支付方式——现金和支票来处理一些事情，通过网上缴费来处理一些支付和转账事宜。另外，**PayPal**及类似的系统也会处理一些交易支付事宜，借记卡、信用卡则处理其他一些事情，甚至预付卡被用做预算或给孩子的零花钱补贴。

尽管我们看到了移动支付的增长，但它还不能完全取代现有的支付方式，人们将根据情况使用最便捷的支付办法。

除了管理各种支付方式外，理想的客户体验还应该包括后端设有必要的跟踪设施，尽管它表面所呈现的就好像所有的支付都是通过单一的金融平台完成的一样。因此，理想的体验还应该包括通过电子化手段收集数据和购买交易的信息，然后进行归档或者链接到个人的交易记录。想一想，在你填报税单时这将会多么有用！

SK：现代银行必须克服哪些障碍和挑战？

TN：历史！银行作为机构已经有数百年的历史。它之所以能存在数百年，是因为它所体现出的控制、安全、准确等特点。然而也正是银行安全的特点，使其创新变得缓慢。我还没有看到有哪一家银行真正走在时代的前沿，迈出探寻创新的脚步。

这正是很多新进入者得以渗透到传统金融服务渠道中的原因。如果银行之前能积极寻求满足这类客户需求的话，那么像这些市值数十亿美元的新兴企业——Green Dot、NetSpend、**PayPal**根本就不可能有立锥之地。

这些新兴企业都很热衷于创新，并有可能在未来几年完全替代传统银行。就像我们所知道的，终有一天银行根本就不需要存在。一些新兴企业每六周就推出一个新的产品或功能，我还从来没有见过有哪家银行有如此快的速度。

SK：银行锁定客户忠诚度的最好方法是什么？

TN：如今银行所使用的策略让你很难关闭你的账户，然后转移到其他银行。我自己就有好几次已经受够了我的开户行，如果这个过程比较简单的话，我可能早已转身离去了。但是当你可以开立新账户时，你不得不先处理完所有正在进行中的交易，并替换所有服务、用户名、密码还有卡，你可能还得投入数小时甚至几天来完成此次变更。银行把这个作为自己确保客户忠诚度的策略，但是这种做法是非常短视的，并且会给他们的长期运营造成不必要的困难。

最终有一天，而且这一天会来得很快，那些渴望获得新客户的银行不仅会为客户提供某种他们难以拒绝的激励政策，还会为他们提供训练有素的员工来帮助他们轻松地从现有的银行转移到新银行，从而降低了更换银行的难度，并能与新客户建立良好的关系。

不过说到底，银行需要向你证明他们正在寻找你，并且关心你。例如，我的公司正在开发一种能与客户通过 ATM 机发出的礼品卡相连接的功能，如果由于某种原因卡内的现金到期而未被使用，这些钱就会自动地退回到客户的账户。这类的服务通过把客户的需求放到前沿和中心的位置来予以考虑，从而建立起客户的信任度和忠诚度。

SK：目前，很多银行的服务都由诸如零售商和电信公司等非银行公司来提供，那么传统的零售银行该如何应对竞争者的涌入？

TN：这是一个很好的问题，我认为这无疑给银行敲响了警钟。小额支付能够积少成多，电信企业在很久之前就已经明白了这个道理。几十年来，他们从各种短时间通话中收取几美分的话费，加起来就是数十亿美元的收入。但是直到最近，你还是不能使用传统支付卡来付10美元以下的账单。

目前，银行还在探索如何在小额支付世界里获得增长。然而，零售商是不会浪费任何时间的。我听说近25%的销售目标都是由目标预付卡来完成的，而且完全绕过维萨／万事达卡和传统的银行交易。

我还问托德在最近五到十年里，他认为零售银行将会走向何方。以下是他所预测的：

- 由ATM机和自动售货机提供的脱离分支银行的服务将会剧增；
- 通过国家和地区品牌的互相关联能向特定客户提供有价值的服务；
- 更精确的特殊客户群体划分（女性、艺术家、技术人员、素食主义者等）；
- 那些无法跟新兴公司和新兴专业产品竞争的银行将会落败。

"表面背后还有很多隐藏的压力。"托德说。第22条军规专注于今天的问题，但不能帮你做好处理明天的问题的准备，而需要强大的领导力来管理当前和预测未来。

对于托德而言，理想的领导者应该是像福特汽车公司的首席执行官艾伦·穆拉利（Alan Mullally）那样的人。他是这么解释的："我有幸在我以往的职业生涯中得到过艾伦的指导，那是当我们都在波音公司的时候。作为福特汽车公司的首席执行官，他看到了迫在眉睫的危机，重组公司以度过公司的财政难关，并且创造了人们都会买的超现代汽车。福特是唯一一家不需要联邦政府救助的汽车制造商，现在是时候由它来设定汽车行业的创新标准了。很难再找到像艾伦这样的企业领袖，他也正是我们银行业所需要的领导者。"

跟客户建立信任

大多数围绕手机银行的讨论往往集中于技术和经济问题方面。作为一对一营销和客户关系管理学院的院长，唐·佩普斯（Don Peppers）说，在手机银行领域，玩家所面对的真正挑战是建立和维持"信任感"。

首先介绍一下唐的背景：早在20世纪90年代初，他和马莎·罗杰斯（Martha Rogers）在合著的畅销书《一对一的未来》（*The One to One Future*）中提出了"以客户为中心"的营销策略。今天，以客户为中心看起来是那么的显而易见，但是在唐和马莎写这本书之前，大多数企业都非常乐于坚持"以产品为中心"的策略，这个策略从1945年第二次世界大战结束到1991年苏联解体持续存在了数十年。

唐和马莎紧随第一本书的成功,又推出了一系列关于一对一营销的书籍。他们成为了广受欢迎的演讲家,并且创办了自己的咨询公司——佩普斯和罗杰斯集团(Peppers and Rogers Group)。他们最近的新作是《极度信任:诚信带来的竞争优势》(*Extreme Trust: Honesty as a Competitive Advantage*)。在书中,他们批评了零售银行的很大一部分收入是基于各种费用的,而这些费用不仅制衡着还从根本上破坏了银行和客户之间的信任。2013年底,在我们的一次电话采访中,唐警告零售银行,在手机银行业务领域不能再过度依靠信任来跟非银行企业进行竞争了。

"当谈到信任的时候,我不会说零售银行具有优势,"唐说,"银行的业务模式之一主要是为了提高对客户的收费而设计的。借记卡会提高用户支出的透支费用,这已经不是什么秘密了,而这些费用却在过去的20年间破坏了很多银行客户的信任感。"

消费者相信零售银行能够"安全存放他们的钱,并在他们需要的时候还给他们"。唐说。然而除此之外,客户并没有发现现代零售银行有什么特别"值得信赖的"。

"理想的客户体验应该是流畅无摩擦的,"唐说到,"很多研究显示,客户的满意度跟忠诚度并不紧密相关。但是研究也表明,客户的不满意度却跟不忠诚度高度相关。"

换句话说,提供优质的客户服务并不足以确保客户的忠诚度,但是提供差劲的服务毫无疑问地会导致客户流失。

第6章
预付市场的巨大潜力

为什么这些具有很重要的意义？因为按照唐的观点，理想的流畅交互应具备以下四个属性：

1. 它是可靠的；
2. 它跟客户有关；
3. 它对客户来讲是有价值的；
4. 它是值得信赖的。

"它并不一定是整个模块里成本最低的部分，但是它本身的竞争力必须达到标准。相对于产品的质量，它也不能被过度定位，"唐说，"它不能带有价格陷阱和隐藏费用，必须是简单明了的。"

从对唐的采访中，我们得到的一个最重要的观点是信任的想法，他将其定义为"积极诚信"，也就是说，服务提供商需要提供超越客户惯常预期的服务。唐举了亚马逊的例子，当用户准备要买一本已经购买过的书，它会立即提醒用户。

"亚马逊可以很容易地通过卖给我一本已经拥有的书来赚更多的钱，"唐说，"但从长期来看亚马逊很清楚，获取我的信任比他们从单一交易中所获得的利润更值得拥有。"

即使亚马逊把书发出去，这也并非作弊或者欺骗。但是如果你的目的是想要与客户建立一种信任，那么你就必须在另一个层面上来评估你所制定的游戏规则，并且当客户要犯错误或者要做的事情并不符合他们自身利益的时候，应该主动提醒他们。

"这就是为什么我喜欢亚马逊的原因，"唐说，"让人惊奇的是，这根本就不是一个人在照看着我的利益，而是由一台运行程序的计算机在操作。我想我爱上了代码。"

唐的这个观点非常好，银行必须抵制从客户的错误中获利的冲动。公平地说，如果银行想在移动时代参与竞争，那就需要去提升与银行客户关系的质量。

当我们请唐在这个手机银行客户的隐形争夺战中预测一下赢家的时候，他是这么说的："如果我得下注的话，我就会赌一个大点的，那就是精通数字化的、目前在其名字中还没有银行字眼的公司。"

预付市场的未来展望

在经济领域的许多方面，现金正越来越过时。支票也在即将消失的名单上榜上有名。现金最终的形式可能就是某种移动钱包，但是目前我们还没到那一步。预付卡代表了从现金到支票再到手机银行路径上的一个中间逻辑步骤。我猜测塑料预付卡演变成移动预付卡将会比任何人预想的都要快，或许它将在5年后发生，或许10年，但只会提前不会延后。

我没有把这个问题看成是塑料卡和移动设备之间的对抗。相反，我所看到的是一种进化，移动方案会逐渐变得跟塑料卡一样可用和实用。到那时，塑料卡就会变得多余，人们就会自然而然地停止使用它。

我们中的大多数人已经觉得我们携带的卡太多了，并且在没有手机的时候会感到失落。我敢打赌，移动交易将很快会成为一种新常态。

The Power of
Mobile Banking
How to Profit from the
Revolution in
Retail Financial Services

第 7 章
移动金融所面临的风险与问题

手机银行所面临的风险

在这一点上,让我们听听安妮塔·科尔特斯(Annetta Cortez)的说法,安妮塔是一位在金融服务行业经验丰富和备受尊敬的风险管理顾问。她认为,手机银行的风险主要来自于类似网上银行的相关风险。

以下是安妮塔所列出的手机银行存在的主要风险,很值得你看一看。

- **网络钓鱼**。通常涉及登录信息的虚假链接或虚假请求。
- **身份盗窃**。身份盗窃通常发生在网络钓鱼的背后,当其他人的信息被盗,就不仅仅是简单的直接偷钱的行为了。
- **键盘记录**。主要会在使用不同系统的时候出现,例如在网吧里，计算机能捕捉到键盘敲击的记录，在这种情形下，对移动设备并没有危害。然而，恶意软件可能会在移动设备上制造类似的威胁。

- **网域欺骗**。通常发生在当银行的网址被劫持，而用户在不知情的情况下被重定向到一个假冒的网站。当在移动设备上使用假的应用程序时，类似的问题也会发生。
- **恶意软件**。就像前面所提到的，这是对能造成安全问题的软件的总称。它们大多数是间谍软件，而在手机银行的界面下，它们通常是以短信木马的形式出现。前面所列出的那些问题都能通过恶意软件得以传播。
- **恶意应用程序**。它们通常采用和恶意软件一样的传播机制。它们含有假冒的应用程序，而这些应用程序本身携带了恶意软件或者使用其他机制来欺骗用户。
- **隐私侵犯**。隐私侵犯是跟应用程序数据的收集和分发有关，它可能是由一些恶意软件，或者是由一些滥用数据隐私的应用程序所造成的。使用移动设备一个常见的问题就是用户经常携带着它们出国，因此有可能在不同的国家发生违反当地法律规定的危险。现在，许多国家已纷纷制定法律来限制将客户的信息转移到国外。
- **丢失或被盗**。由于个人倾向于将自己大量的信息存储在个人移动设备上，这样设备上就会存有大量的信用卡和密码信息，而这些设备也更容易丢失。因此，对于客户最重要的是要更加小心地管理自己的信息，而银行和其他商家（比如无线运营商）能够提供快速关闭设备的服务。但许多没有经验

第 7 章
移动金融所面临的风险与问题

的厂商还没有开发支持这个功能的流程和技术模块。

- **无线运营商基础设施的漏洞**。在这个链条上存在的安全漏洞会把客户的数据暴露在危险之下。尽管政府用这种方式挖掘信息再自然不过,但这种威胁对于手机银行来说并不常见。
- **支付设施/生态系统的漏洞**。当支付系统存在潜在漏洞时,来自销售终端(POS)的威胁就会出现。考虑到未来,银行将会通过手机银行/金融应用程序来服务于那些缺少银行服务的人,这些就显得尤其重要。万事达卡和 PayPal 以及另外一家由维萨卡和 Fundamo 合资组成的企业,正在开发类似借记卡的即时安全支付系统。有些公司也在寻求与芯片和个人识别密码(PIN)相关的技术,以便使支付与手机本身的内置功能相结合。目前,这些项目大多在规划阶段,但很可能使这个行业中出现更有趣的变化。
- **短信漏洞**。重定向、劫持和欺骗通常都跟恶意软件的攻击有关。
- **硬件和操作系统漏洞**。有一些需要关注的漏洞与设备的可靠性和无线连接等有关,问题可能会因为这些而被放大。在我看来,尽管问题可能比在一个标准的计算机案例中出现得更加频繁,但它们差不多是相同的。总的来说,那些有网上银行或者相关服务经验的银行要比没有这方面经验的银行更胜一筹。
- **复杂的供应链和移动生态系统的新进入者**。正如已经讨论过的,这主要是与支付系统有关的问题。新进入者可能会跟电话公司、电信公司或者其他类型的公司有关。

- **反欺诈工具和控制的成熟度不足。**根据上面所列出的相关问题，有一种观点认为，介于移动的特性和交易的速度，以及无线的问题，就需要在这个领域进一步开发一些工具和制定相关控制机制。

"这在很大程度上取决于你在哪一方，换句话说，你是服务提供者还是消费者，"安妮塔说，"如果你是消费者，最大的风险就是设备丢失或者被盗。"

由于用户通常希望减少通过移动应用程序登录账户的步骤，所以他们不太可能去采取多层的安全措施。更少的安全层使得窃贼更容易获得他人的账户信息。

"消费者可能面临的最大风险就是丢失设备或被他人入侵账户，"安妮塔说，"如果你仅仅给你的设备配置了最少的安全措施，当你的设备丢失或者被盗时，那你就麻烦了。"

从服务提供商的角度来看，这也是一个问题，因为消费者自然希望他们的服务提供商能够提供某种形式的安全，以减少固有风险。这无形中就增加了服务提供商的成本。

"如果你提供移动金融服务，那么你必须弄清如何处理这些客户丢失设备的情况，"安妮塔说，"目前有很多安全解决方案，比如密钥卡，但并没有被消费者广泛使用。如果你提供的移动金融服务是面向大众市场的，那么你就得在便利性和安全性之间进行权衡。有些消费者可能认为密钥卡不太方便。但如果你是一家银行，你可能会认为更大的便利意味着更大的风险。"

第 7 章
移动金融所面临的风险与问题

从短期来看,提高安全性意味着更少的便利,这是营销人员必须接受的事实。然而,提供安全解决方案的厂商会把移动金融的出现当作一个商机,并会争相为市场提供最有效、最方便的解决方案。

"我们看到很多异军突起的公司加入到新的或改进的技术中,以提高移动设备的安全性,"安妮塔说,"有些致力于网络银行安全的初创公司在移动金融里也看到了类似机会。我们同时也看到不断有新的厂商参与到这个领域来,希望出现一个活跃的竞争局面,看看谁会在下一个伟大的移动金融安全解决方案上胜出。"

虽然设备安全是一个显著的问题,但随着非银行机构已经进入到移动金融市场,银行的总体风险在于丢失客户和市场份额所带来的潜在危机。

"市场份额的下降是一个根本性的战略风险,"安妮塔说,"科技公司会制定设备风险管理的解决方案,但是真正的风险往往来自于更深的层次,因为手机银行的存在威胁到了银行的分支网络。银行已经调整了他们分支机构的运营,以适应客户习惯的变化,但是手机银行的普及将会迫使他们更快地进行升级换代。银行将不得不接受这样一个事实,那就是,很多人将永远不会再走进任何一家银行网点。"

我认为安妮塔所提出的问题归根结底就是,银行是否愿意进行必要的投资,来服务那些可能永远不会走进他们分支机构的客户。

如果银行不愿意进行这样的投资,他们就会把客户拱手让给非银行机构的玩家,例如电信和零售商——那些愿意从腰包里掏出大把钞票来为自己开拓新市场的公司。

"当电信运营商、设备制造商和零售商都在想如何渗透到消费者银行市场的时候，传统银行就不得不把这看成是战略风险了。"安妮塔说。

这就是说，个人银行业务不会在一夜之间消失。"我没有看到银行将失去他们核心贷款业务的迹象。"安妮塔说。她没有预见非银行机构将会取代传统银行作为提供汽车贷款和抵押贷款服务商的地位。她说，手机银行也许能处理某些类型的小额贷款，但是像大额贷款仍然需要传统银行的基础设施来处理。

"如果仅仅是信用卡提供贷款，那纯粹的移动公司就能进行这类的贷款。但如果是更大的数额，我认为你还是需要一家实体银行来处理。"安妮塔说。

作为风险管理专家，安妮塔认为手机银行是适合进行小规模、相对简单的个人交易的地方。"记住，当你想获得任何东西都需要提供一定担保金的时候，你就是在谈论是否应该拥有一个银行许可证。当你拥有银行许可证的时候，你的生活就会变得更加困难。"她说。

随着技术的发展和市场变得更加以千禧一代为中心，所有的这些假设都有可能发生改变。然而安妮塔认为，在当前和不久的将来，将会有一系列循序渐进的变化，而不是翻天覆地式的巨变。

"在这里我为那些尝试进入手机银行市场竞争的人提供非正式的和非官方的建议：其一，除非你已经拥有了一个强大的网上银

第 7 章
移动金融所面临的风险与问题

行,否则你在手机银行取得成功的可能性不大,我认为如果你提供网上银行服务的能力还没有得到完善的话,贸然进入手机银行领域并不是一个好主意;其二,你必须准备好处理安全问题。如果你还没有一个到位的安全解决方案,那你将面临巨大的风险,包括财务和声誉两方面的风险;其三,你必须知道你竞争的领域是在哪里,都有哪些玩家。如果你是银行,你可能会考虑与电信运营商合作;如果你是电信运营商,你可能会考虑跟银行合作。"

打造以客户为中心的金融供应链

库尔特·施耐伯(Kurt Schneiber)是我在花旗银行工作时的同事,他也是一个全能型专家。他最近担任 Syncada 公司的首席执行官和董事会代理主席,这是一个平均每年处理 200 亿美元支付交易的全球金融供应链网络。库尔特负责协调构建和扩展这个可持续发展的全球性金融服务,该服务在本质上具有金融供应链的深层复杂性。另外,作为董事会代理主席,他还需要确保合资伙伴在关键战略问题上意见保持一致。他还在董事会担任候补委员会主席和财务委员会主席。库尔特是一个在金融领域清楚得知道自己在做什么的人,我非常高兴在这本书里加入了他的见解。

我请库尔特聊一聊关于移动金融的风险和回报,以下是他的一些看法。

"银行家们需要聆听客户的需求,并更及时地响应客户需求,以一种具有竞争力的友好方式来为不同类型的客户提供他们所需要的服务,"库尔特说,"对于购买银行服务的客户来说,转换不同银行的服务成本是相当低的,各种选项间的竞争一直存在,这也促使银行的切换选项变得更加便捷。此外,金融票据交换所的网页应用让消费者购买银行服务变得跟购买机票、信用卡或预订酒店一样方便。如果银行没有在正确的时间和正确的地点通过恰当的方式带来具有竞争力和吸引力的服务,那么他们的业务就会被侵蚀。"

我还问库尔特对移动技术正改变着支付和信用卡业务是如何看的。他的回答非常具有指导性和有帮助。"可进入的选项和可转换的选项将会持续增加。那些提供银行和信用服务的机构,如果在客户决定选择哪些服务的时候不向客户展示自己,那么他们就是把自己关在了客户选择的门外。"库尔特说。

因此,银行和金融服务提供商必须出现在他们客户所在的地方。如果他们的客户是在桌面或笔记本电脑上工作,那没有问题。但随着越来越多的客户把业务活动转向移动设备,你最好做好准备。现如今很多客户会使用目前手中的任何设备,他们不会关心究竟使用的是个人计算机还是移动平板电脑。对大多数人来说,屏幕就是屏幕,不管是在笔记本电脑上还是在智能手机上,当你深入到业务中时会更加真实。"那些管理金融供应链和相关物理供应链的人或企业希望能快速地对机会进行响应,限制桌面的交易功能(有时桌面对某些关键管理人员来说可能根本就不存在)将迫使服务和功能的使用者流向别处。让合适的人随时随地都能在供应链和现金库里看到现金流的动向,无疑将成为一个标准需求。互通性也将会是一个关键点。"库尔特说。

这些都是我们应该考虑和吸收的重要信息。当你运营一家银行的时候，无论你在机构的任何层面，都会有客户围绕在你周围。那些在幕后为你工作的人，可能会对那些移动设备有着跟那些进出银行营业网点的客户同样的感觉。所有的人都在想同一件事：为什么我不能只在我的手机上完成这件事呢？

银行与非银行企业之间的合作竞争关系

史蒂夫·史密斯（Steve Smith）是一位具有国际背景、经验丰富的银行卡高管。史蒂夫跟一些全球领先的信用卡发行商合作，在不同的领域开发和部署解决方案，包括信用卡和借记卡业务策略、品牌合作、产品开发、客户和财务管理、客户服务，以及销售培训。

史蒂夫告诫发展中经济体或新兴经济体，在他们的管理能力、基础设施和监管框架得到充分改进和完善之前，以及在他们的客户确切知道应该如何使用和在何时使用卡之前，不要贸然跳进最为成熟的卡市场（比如品牌合作和移动支付）。

他还举了美国信用卡行业这一相对成熟行业的例子，自从信用卡被引入后，其中主要的参与者经历了横跨几十年的一系列跌宕起伏。"伴随着经验所带来的收益，美国信用卡的发行者已经开发了预测工具（如"不要惊慌！"软件）和风险管理工具（如模型和监控程序）来尽量减少损失和最大限度地恢复。"

史蒂夫将那些成熟卡的发行者比作摩西（Moses），摩西在穿越沙漠到达乐土前已经长途跋涉了40年。"40年中，旧的一代消亡，新的一代诞生，"史蒂夫说，"我担心，一些新兴市场正试图不经历时代的更替，而直接从今天跳到明天。"

他还担心一些银行为了向他们年轻的客户表现自己很酷而快速采用新的技术，例如手机，这绝对是一个错误。"如果你本身做得不够好，就不要假装很酷。不要做与你的品牌和形象不符的事情。"史蒂夫说。

他还指出，传统银行成功转型到手机银行的例子并不多。跟那些已经拥有移动经验的公司合作，是目前银行平稳过渡到移动领域的一种方式。但是目前还不太清楚哪些公司是最好的天然合作伙伴。

"如果你跟一家电信公司合作，那么伸到锅里的就又多了一只手。电信公司会要求分享利润，"史蒂夫说，"但是没有银行一开始就愿意放弃本身越来越薄的利润。银行在明确理解附加值之前，是不会轻易地建立合作伙伴关系的。在合作伙伴将为这个领域带来附加值这个问题上，我不认为银行已经达成共识。"

对于银行来说，跟万事达卡和维萨卡之类的公司合作，看起来似乎风险较小，因为他们把万事达卡和维萨卡看作是自然的合作者，而不是竞争者，史蒂夫解释说。

"银行也可能会怀疑跟万事达卡和维萨卡的合作，但听取他们的建议会比倾听电信公司的显得更加开放，"史蒂夫说，"很难说，谁才是最好的合作伙伴，因为这需要有预见未来的能力。技术领域已经证明事情可以很快发生变化。但在另一方面，银行却习惯于缓慢前行。人们担心谷歌或者苹果明天将颠覆一切。未来将要发生的事情充满了不确定性，这也解释了为什么银行看上去像被车灯照到的小鹿般惊慌失措，他们正在等着看将要降临的是什么。"

在一定程度上，史蒂夫认为在手机银行和移动支付上小题大做无疑是一种无事生非。"我对整件事感到有点不知所措，"他说，"信用卡就是移动支付。我认为客户可能对这些表现出的兴趣连媒体的一半都不及。对他们来说，大部分都是看不见的。"

然而史蒂夫认为，发展移动经济最有趣、也是最危险的方面就是，移动支付将会使信用卡变得真正看不到了。"当你在亚马逊买东西和充值星巴克卡时，你的信用卡已经完全隐身了。这将如何影响银行收购、保留和裁员？这好像是一个无人关注的问题。对我来说，这才是最有趣的部分。"

移动应用不是被制造出来的

格雷格·费尔（Greg Fell）是特雷克斯公司（Terex）的前任首席信息官，特雷克斯公司是《财富》世界500强企业中生产重型设备的公司。自2013年起，格雷格开始担任Crisply公司的首席战略官，这是一家追踪计费时间的大数据创业公司。格雷格是从福特汽车公司开始他的IT职业生涯的，并且具有丰富的管理复杂软件开发项目的经验。格雷格也是《IT价值问题解密》（*Decoding the IT Value Problem*）一书的作者，这是一本很棒的书，书中涉及到那些让企业高管们很难做出有关技术投资正确决策操作层面的东西。

格雷格在其书中提到的一个很有用的建议触及到了我的内心深处，那就是他的告诫——不要把软件开发（包括移动 App 开发）看成是生产制造的一种形式。

"有一种不容乐观的趋势……就是把软件开发看成是制造的过程，"格雷格写道，"认为软件开发（SWD）跟制造过程的运作是一样的观点会导致错误的假设、错误的信念和令人失望的结果。说白了，软件开发根本就不是一个制造过程。"

格雷格指出："正确的软件开发应该是一个工程和创新的过程。发明创造是在其核心层面进行的。从定义上来讲，任何需要被开发的东西目前都是不存在的。不存在的东西比那些仅仅需要组装的东西要远远难以预料。这是一个常常被忽略但极其重要的概念。"

尽管小规模的项目通常都是复制已被认可的流程，也很容易管理，其大部分的工作涉及到代码重用，但格雷格认为，多数软件开发项目并不属于这一类。

"大多数的项目需要迭代的创新和测试步骤。测试会很耗时，但是我认为大多数的技术失败都可以追溯到测试的不充分，而大多数的问题都可以通过适当的测试来发现和解决。"格雷格写道。

格雷格所关注的核心在于，"当时间紧迫的时候，测试环节经常被跳过或者缩短了。人们交叉起手指来祈祷最好的结果出现。这并不是一个好的策略"。

正如格雷格所正确观察到的，"好的编程团队，通常会测算和监测他们的工作，以便清楚地知道他们处在开发周期的哪个阶段。

他们不做过多测试，也不做过少测试。他们能找到适当的平衡"。

格雷格提醒他的读者，要记住软件错误，这就像打字错误，即便是最好的打字员也会偶尔敲错键盘。"一个简单的事实是你打得越多，错误越多。这同样也适用于软件代码，"格雷格写道，"程序越长，错误也会越多。这就是为什么在上线之前需要测试软件。"

格雷格举了一个在服务启动前需要全面测试应用程序的强大且胜于雄辩的例子。也就是说，在某些时刻，你不得不启动服务。如果你已经提前做了测试，那么你就有很大的机会在问题出现的时候解决问题，而不会损害项目的成功。

立足脚下，放眼全球

我的朋友哈维·凯珀尔（Harvey Koeppel）曾经是花旗银行全球消费者集团在亚洲市场迅速扩张时期的首席信息官。作为花旗银行的关键成员和高管，他当时的工作常常会处于风暴的中心，而且他对风险和开辟新市场的回报有真正独特的视角。

哈维曾在 2005 年领导花旗银行在印度着力打造手机银行系统，所以他有很多值得借鉴的实战经验。我最近在纽约采访了他，请他分享一些他在花旗银行所学到的经验教训。

"如果你是一家美国银行，正在全球寻求建立更大的影响力，并想把业务拓展到其他国家，特别是在那些增长迅猛的市场的话，那你首先要确保你了解当地的银行文化、风土人情、监管环境和竞争状况。"哈维说。

了解美国和海外市场的差异以及相似之处是取得成功的绝对保障，他说。例如，花旗银行很快发现，对很多日本消费者来讲，面对面地与信贷员交流是一种不愉快的经历，这使得银行很难在日本扩展其消费信贷业务。

"于是我们想出了一个非常有意思的点子，就是在自助服务终端让客户自己输入信息，扫描相关文件，从而完成他们的贷款申请，不必坐在信贷员对面，"哈维说，"自助服务终端就像 ATM 机一样，客户在使用的时候感觉非常舒适。在这种情况下，非人性化过程被证明也是有帮助的。我们把自助服务终端称为自动贷款机（Automated Lending Machines，ALM），这在当时是相当成功的。"

哈维所举的上述例子说明了了解市场差异、为满足本地消费者的喜好而定制相应的产品及服务是很有价值的。

例如，自由兑换外币的能力在许多新兴市场和发展中经济体中被认为是非常重要的。"因此，如果你是一家美国的银行，想在亚洲或者非洲做生意，你就需要为本地客户提供外币兑换服务，"哈维接着说道，"在世界上很多国家，货币兑换服务并非很特殊和被视为舶来品，它是做生意的常规部分。"

任何情况下，手机银行相关措施的制定都将遵守本地的规则和供本地市场提供满足其期望和需求的服务。"为此，与当地企业合作是具有现实意义的。你需要跟那些真正了解当地文化、生活习惯和当地法律的人一起工作，"哈维说，"知道大部分人什么时候开始工作、什么时候午睡和什么时候结束一天的工作回家，这些都能决定你在海外市场拓展的成败。"

第 7 章
移动金融所面临的风险与问题

如果你是一家进入新市场的大银行，你很可能会面临与当地现有银行的竞争。"这不仅仅是可能，你还会面对当地人在一定程度上的质疑甚至是直接的蔑视。这就是为什么你需要了解当地文化和尽你所能适应当地环境的原因。至少，你需要克服语言障碍，这也是需要跟本地银行合作的另外一个原因。"他说道。

哈维提出了另外一个值得关注的领域，那就是数据存储。"许多国家对于数据存储和维护的地点有严格的法律限定。通常，个人的财务数据是被禁止出境的。瑞士就是一个明显的例子。德国在数据存储和传输上也有严格的法律规定，"哈维说，"问题是，不同的国家有不同的法律规定，如果你设计了一个手机银行系统，你得确保它能在所有你打算提供服务的国家合法运营。"

我请哈维假设一下，如果他被要求从头去构建一个手机银行系统，他会如何做。他回答道："我会跟系统运营的那个国家的电信运营商建立合作伙伴关系。我会寻找最大和最便宜的移动服务商，并与之建立合作关系。手机银行依赖于移动连接，这就是为什么我需要跟电信公司合作。"

首席信息官在手机银行中的作用

哈维还告诉我他在过去实践中所汲取的一些重要教训，这些教训是关于首席信息官在技术支撑的业务创新中如何发挥关键作用。"作为首席信息官，你必须了解业务是如何运作的。当业务需要某个特殊类型的技术时，你必须能及时响应它，你还需要了解人们并不经常谈论的新的和可替代的技术。"哈维说。

"好的首席信息官会利用这些新的技术来推动业务创造价值，并创造新的具有可持续收入流的产品，"哈维说，"当你成为首席信息官的时候，你就站在技术和业务的交叉点上。你的工作就是找到并采用正确的技术来确保业务达到其目标。"

首席信息官们将不得不在人员管理、流程管理和与移动业务有关的技术上变得更加熟练，这看起来是合乎逻辑的。他们还需要聘请从基础架构到应用程序开发等移动技术各个方面的专家级顶尖人才。

大型零售商不会坐等银行引路的。"一些较大的零售商会让你注册一个程序，当你走进一家商店1/4英里[①]范围内的时候，他们就会给你发送一个优惠码到你的移动设备上。这种可用的技术被称为"地理围栏"（geo-fencing），它会告诉商家某个客户就在附近。这一设计的整体思路就是，知道客户在什么地方，并且当客户在附近的时候直接跟客户进行市场推广，这将会是消费业务的一场革命性变革。"哈维说。

银行会投身于这样的变革中，还是在等一个可能永远不会到来的完美时刻？对此，哈维表现得非常乐观，但是他还是有自己的疑虑。"银行业在采用新技术上一直很缓慢。伴随着业务的不断扩大，银行家们往往是要规避风险的。当你把一场全球性的金融危机扔给他们，他们本身厌恶风险的性格将会导致技术项目在银行中举步维

---

① 1 英里 =1 609.344 米　　　　　　　　　　　　　　　　——译者注

第 7 章
移动金融所面临的风险与问题

艰。"他说。

"但随着整体经济的持续增长,有些银行还是会更愿意尝试新事物和投更多的钱到新技术上,"哈维说,"我的直觉是手机银行不是一种时尚,并且所有的银行或早或晚都会接受它。"

我很佩服哈维的直率。我们不妨通过他的这些真知灼见,看看哪些银行跳进了泳池,而哪些仍留在他们的躺椅上直到最后一刻,这一定非常有趣。

The Power of
Mobile Banking
How to Profit from the
Revolution in
Retail Financial Services

第 8 章
万物移动的时代

移动医疗的诱人前景

古语有云："没有了健康，有再多金钱又有何用？"当然，如果通过移动设备进行的金融交易能在广阔的范围内实施，这将是一件很美妙的事情。但如果我们没有足够的健康来享受这些很酷的新技术所提供的实惠和便利，这对于我们来说又有何用呢。

这就是为什么移动医疗未来的前景如此诱人。它提供了一个实现健康却无需在医生的诊室里花费大量的时间去等待检查的愿景。想象一下，在这样一个世界里，不仅你的手机，而且包括你的手表、你的衣服、你的隐形眼镜，甚至连你的牙刷都在不断帮助你监控你的健康和收集有关你健康状况的关键数据。

在这样一个真正实现移动连接的经济中，医生的诊室将变得跟银行营业网点一样过时。人们对它们的需求将不复存在，因为医生为了做出正确的病情诊断、提出治疗建议、开出适当的药方或疗法，需要了解关于你和你的身体状况的所有信息，而这些信息只需通过移动通信网便可获取。

"在移动技术被广泛采用之前，我们必须亲自在台式电脑或笔记本电脑上访问相关的信息。最糟糕的情况是，我们不得不等到回家再通过台式电脑访问互联网；即便是最好的情况，我们也必须随身背着一台笔记本电脑。现在，手机可以作为互联网的入口，这样我们就可以随时随地通过轻便的设备来获得信息，反正我们都随身携带手机。因此，我们可以自由地获取健康信息和资源。"纳拉亚南·拉姆（Narayanan Ram）如是说，他是 PurpleTeal 公司的首席执行官，该公司是美国一家健康信息服务提供商。

纳拉亚南认为，移动医疗中最令人兴奋的是教育。"通过让人们更加了解自己的健康风险，我们不仅可以促使他们采取预防措施，"他说，"我们还可以帮助人们更好地管理他们的健康状况和避免并发症的发生。"

在新兴和发展中国家的某些出行困难和医生稀缺的地方，移动医疗保健服务将有不可估量的价值。想象一下，当人们想要从医疗专业人士那里获得帮助的时候，他们不需要再翻山越岭、长途跋涉，这将会让多少人的生命得到救治。

医生通过移动设备来检查、诊断、开处方，并跟踪患者病情，将不再是疯狂的想法。这是一个完全合理的愿景，它将分阶段实现。一个功能齐全、完全一体化的移动医疗保健体验不会发生在明天,但它会发生在未来十年。当它被完全普及的时候,移动医疗将会对我们所有人产生巨大的影响。

接下来,让我们抽出片刻时间来讨论一下"移动医疗"这一术语的含义。在我看来,移动医疗对于医疗保健来说就如同手机银行对于银行一样,这是一项允许消费者通过数字设备(如个人电脑、平板电脑、智能手机等)来获得医疗保健的服务,还是一项无需消费者亲自访问健康护理提供者的技术。

作为一位文章被广泛引述的医疗技术大师,马修·霍尔特(Matthew Holt)听到"移动医疗"一词时感到十分恼火,因为它表明这是一个以手机为主的系统。但正如马修所准确指出的一样,移动医疗更可能是一个由多个子系统组成的系统,一个支持多种技术、网络和接口的平台。换句话说,在移动医疗的世界里,自带设备(Bring Your Own Device,BYOD)将成为常态。马修把新兴的医疗保健平台看作是"健康界面层"(Health interface layer)。我很喜欢这个名字,我希望这个叫法能被广泛采用。

移动医疗商业模式

让我们来看看今天移动医疗所面临的挑战与机遇。它可能会出现三种类型的移动医疗应用程序:第一种是面向患者的;第二种是面向临床医师的;而第三种可能是面向研究人员用来收集数据。每种类型的移动应用程序都有各自独特的优点和属性。

2013年9月25日,美国卫生和公共服务部(U.S. Department

of Health amd Human Services）、美国食品和药物管理局（Food and Drug Administration）、美国设备和放射卫生中心（Center for Devices and Radiological Health）以及美国生物制品评估和研究中心（the Center for Biologics Evaluation and Research）发表了一份关于移动医疗应用的非约束性建议的完整清单。这份长达 43 页的文件为行业、美国食品和药物管理局工作人员提供了指导意见，它有力地表明了政府将不会对移动医疗设备的开发和销售坐视不管。

在没有政府主导的项目参与的情况下，打造一个可行的移动医疗应用程序生态系统意味着绝大部分移动医疗应用程序将由市场来进行开发，而那些投资开发这些应用程序的个人或企业期望能在某些时候实现盈利。

因此，我们也许思考的第一个符合逻辑的问题是："移动医疗应用的商业模式应该是什么样的？"答案将取决于应用程序是否适用于临床医师、患者、研究人员或其他类型的使用者。

根据激励计划调整技术

由于大多数医疗费用通常是由投保人或间接地由用人单位来支付，因此似乎可以这么说，医疗保险行业和主要雇主团体将在确定许多移动医疗应用程序的成败中起到关键的作用。

"关键在于要根据激励计划来调整技术的应用。"Silverlink 公司的首席执行官和创始人之一斯坦·诺瓦克（Stan Nowak）说。斯坦是推动消费者健康参与的领军人物，拥有哈佛大学本科学位和哈

第 8 章
万物移动的时代

佛商学院的 MBA 学位。他表示，移动医疗行业的企业家们能从现有的企业健康管理计划中汲取宝贵的经验教训，企业健康管理计划旨在帮助员工戒烟、减肥、治疗慢性疾病，以及让员工变得更加强健。

斯坦说："这类创新往往来自于承保的雇主，因为他们会长期关注自己的员工，而医疗保险经济学在传统上并不支持显著的激励机制。此外，激励方案要想获得最好的成效，往往会更倾向于把激励机制嵌入到企业的战略规划设计中去，而不是作为各自独立的激励事件。"

"很显然，如果你提供一个设计方案，其中包括维持员工健康体重的、有意义的激励措施。例如，你需要教育、可追踪的措施以及吸引员工和推动他们采取行动的措施，"斯坦说，"那么所有这些对移动医疗而言，显然是一个良机。"

从某种意义上说，我们正在走向一种自我服务的医疗模式，在这种模式中，消费者将被寄予期望，在监督和管理自己的健康方面承担更多的责任。自助服务这一总体趋势，肯定有利于我们在本章开头所描述的移动医疗的发展前景。

同时，预防保健和健康战略也会带来内在的商业挑战，因为这些战略几乎都是围绕着省钱而不是以赚钱为目的。我们必须承认，大多数商业模式都是围绕着如何赚钱来设计的，而不是如何省钱。因此，在如何保持健康的整体设计思路中，至少从单纯的利润动机的角度来看，存在着一个内在的问题，那就是你将如何通过保持人类的健康而赚钱？

如果说地球上谁可以对这个问题提供一个合理的答案，那就是史蒂夫·伯兰克（Steve Blank）。作为一位已经退休、有着八次连续创业经验的教育家和作家，史蒂夫已经在全球范围内改变了有关"如何建立初创企业以及如何教授创业"的方法。史蒂夫是畅销书《创业者手册》（*The Startup Owner's Manual*）的作者，而他早期所开创的"四步创业法"引领了精益创业运动。在2013年5月，他在其发表在《哈佛商业评论》上的关于精益创业的文章中定义了这一运动。

迈克·巴洛（Mike Barlow）担任上述这本书的主编和出品人，他最近和史蒂夫进行了一次交流，以下是史蒂夫对数字健康运动观点的一些精彩摘录：

> 移动技术把信息放在了医生的指尖上。这是实现医疗"个性化"或"精确化"的一个关键因素，因为这不仅仅允许对一个特定患者的电子病历进行整合，还能将该患者的病历和所有外部关于这方面疾病或诊断的相关知识进行整合。
>
> 如今，临床医生在看一个病人的时候，可以将该病人与数千或数万、甚至数百万的其他病人进行比较，并且获得所有的诊断和治疗方案的总和，而这些信息就在他或她的指尖上。
>
> 对于消费者来说，手机将让你了解自己的症状，检查自己的血压，将数据发送到你的血糖仪，等等。
>
> 问题是天真的数字医疗创业企业不明白，一旦你开始做诊断或者提供建议，你将迎头碰到美国某些非常严格的规定。美国食品药物管理局刚刚发布移动医疗设备的指导意见……好消

第 8 章
万物移动的时代

息是,从长远来看,美国食品药物管理局的参与对消费者来说是件好事。但在短期内,这将是一个真正为食物而进行的战斗。

数字医疗创业企业通常要么由医疗保健创业者创立,要么由科技创业家所发起。这就像黏在一起的两块薄荷糖。你要么来自医疗保健那边,要么来自技术方面。

医疗保健企业家们认为,如果他们制造出什么东西的话,他们将会自己出售;如果医生推荐什么东西,患者将会使用它;如果临床试验证明了某样东西是有效的,它会自动地成为市场上一个成功的产品。

科技企业家认为保险公司将会支付产品费用,因为患者想要它们,或者说,患者将自己支付费用。他们还认为,他们需要做的就是插入医院的电子病历。

事实证明,医疗保健企业家和科技企业家的这两种想法都是错误的。

创业企业在数字医疗领域之所以失败的原因主要有三个:1.他们对客户缺乏了解;2.它获得客户的成本比那些客户本身的价值要高,比如在终身价值方面,他们很少有机会获得高品质的分销渠道;3.他们增加收入的策略有瑕疵,即他们并没有完全弄清如何赚钱。

事实证明,数字医疗不仅仅是医疗和技术的一个交集,它正在创造一个独特的领域。

我喜欢"独特的领域"这种说法,因为它似乎击中了问题的核心。数字或移动医疗所带来的挑战与医疗保健和信息技术各自单独面对的挑战是完全不同的。

史蒂夫建议把新兴的数字医疗保健领域看作是两个重叠的圆：一个代表医疗保健，另一个代表信息技术。其重叠或交叉的部分就是数字医疗保健的独特领域。

在医疗圈里，总会有类似客户群、覆盖范围、报销、供应商、临床试验设计和质量结果的话题讨论。在信息技术圈里，人们讨论更多的是类似于商业、经济、增加收入的策略、消费者的应用程序、用户界面设计以及移动指标等话题。

但是，在两个圆交叉部位所体现出来的独特性则是客户价值主张、分析、保存工具、分销渠道、数据合作伙伴、患者的社会网络和法规。数字医疗保健空间正在创建一套全新的独特行为，你必须要弄明白。

史蒂夫建议，身处新兴数字医疗保健领域的企业家应避免重复在清洁技术和清洁科技领域出现的错误，投资在这些领域的数十亿美元基本上是浪费掉了。

没有一样东西会像清洁技术那样。你不仅可以利用它做出半导体太阳能晶片、污水处理或电池，还可以利用它做出太阳能电池板，而做这些都有不同的业务模式以及不同的客户和渠道。如果你不明白这些细微之处，那你的企业就会倒闭。

史蒂夫似乎对数字医疗保健的未来比较乐观，但他的经验告诉他，实际无法掩盖那些挑战的复杂性和抓住正确商业模式的重要性。

如果你正在考虑在数字医疗保健方面拓展业务，我强烈建议你阅读一下史蒂夫写的这篇《重塑生命科学创业企业——医疗设备和数字医疗保健》优秀帖子。我也建议你阅读他的《数字医疗的经验教训》这篇博文，你可以在他的博客里找到它们及其他许多优秀的文章和资源。你只需登录 http://steveblank.com 就可以直接领略到史蒂夫非常有用的见解。

不断进化的界面

医学博士乔纳森·泰希（Jonathan Teich）不仅是爱思唯尔公司（Elsevier）的首席医疗信息官，还是马萨诸塞州波士顿布莱根妇女医院的医师。他的专业领域包括健康信息基础设施、电子处方和临床决策支持系统。他的主要关注点在于通过设计创新型的信息系统，来直接提高临床护理技巧，预防不良事件发生，并简化临床工作流程，以满足医疗卫生界最重要的需求。

他认为，一个移动医疗设备的系统正随着时间的推移"有组织地"形成。我们最近与他进行了一次深入交流，以下是我们的谈话节选：

> 我认为界面仍然在不断地进化。看看如今流行的那些应用程序，与五年前的相比，它们已经发生了改变，例如，设计改变了，标志的字体也都变了，等等。我认为它们仍在不断进

化中。我们对此抱有普遍的期待，而且我们的期望还会继续增加。我们现在能看到一点点的语音输入、一点点的图形化工具。我不知道用户层面是否已经做好被标准化的准备了。我认为这些都是由设计和新鲜感所驱动的演变。

而真正的问题是，我们是否能看到这些应用程序相互交换数据的标准？一堆大相径庭的医疗保健应用程序是否有可能相互连接？例如，有关饮食的应用程序是否可以连接到食品购物应用程序，然后它们再连接到一个银行应用程序？我们可以做些什么让这些东西之间进行相互沟通？我在医院的电子健康记录在传送某些信息到我的电子设备上时是否安全，或者需要通过怎样的安全路径？

我想，在以下这些方面所进行的标准化将非常受欢迎：在基础设施层面，以及从一个应用程序接口到另一个接口的界面层面。我们很乐意看到这个世界有很多这样的东西，我们可以适当和正确地将它们相互连接，就像玩乐高拼件一样，从而创造一个更好的应用程序。

我们请泰希博士描述一个理想化的场景，在该场景中，他可以在现实生活中利用移动保健服务系统的各种部件。他的回答是非常具有启发性并充满希望的：

作为一名专业人士，我期待在不久的将来，我在做检查或者外科手术的过程中，当我需要获得一些信息时，我可以通过移动设备请求帮助，并以我需要的方式获得相关信息或解决方案，该设备甚至能引导我向某个特定的电子助手求助。

第 8 章
万物移动的时代

那些设备甚至能知道我在做什么,因为它可以跟踪我的活动轨迹或探测房间里的东西。这一切或早或晚都将会实现,只是我们还有一小段路要走。

患者自我管理的实用框架

我们最近与尼尔·考夫曼博士(Dr. Neal Kaufman)进行了一次很有意思的谈话,他是 Canary 健康公司(该公司原名为 DPS Health)的创始人之一和首席医疗官,Canary 健康公司是通过网络应用和移动技术来帮助患者应对诸如肥胖症、糖尿病、心脏等慢性健康问题的领先企业,。具体来说,Canary 健康公司提供技术解决方案来解决那些与病人不健康的行为相关的成本增加问题。

考夫曼博士认为以下四种关键的方法可以改善患者的健康:

1. 个人医疗保健服务(例如,看医生);
2. 公共健康计划和相关法规制定(例如,禁烟法规、白酒和香烟的税收);
3. 人口卫生(例如,分析在患者人数众多的情况下的危险因素和结果,并为那些有需求的人提供有针对性的干预方案);
4. 直接面向消费者的产品和服务,让患者在管理自己的健康上发挥更大的作用。

在上述四种做法中信息技术都是必不可少的,在那些旨在促进和鼓励患者自我管理的计划或项目中,它也是一枚至关重要的棋子。尽管这一点是显而易见的,但它往往会被忽视。换句话说,你需要现代信息技术来让自我管理成为患者的一个可行性选择。

考夫曼博士说："我相信，这是一个会导致医疗卫生服务发生重大变革的转型时期。"

他令人信服地提出了一些解决方法，而这些方法是关于信息技术应该如何帮助患者在管理自己的健康上扮演更积极的角色。以下内容摘自他最近的一篇文章，我认为很有见地：

> 你可能对流行语"病人自我管理"很熟悉。通俗地说，这意味着你在疾病的治疗过程中有机会发挥积极作用，这将与你的医疗保健同步进行。今天，病人自我管理因信息技术（例如，网站、电子邮件、短信、智能手机应用程序和视频等）而得以实现，这正成为临床医生提供保健和生活方式支持方法中的一个重要因素。
>
> 你的医生现在可以为你提供技术驱动型的健康教育及支持计划，这些教育与支持计划直接与门诊医生、糖尿病教育家或营养师互联，帮助你更好地管理你的糖尿病治疗计划，支持你改变不健康行为的需求。这些与临床医生互联的创新计划，无疑是推动健康生活方式的辅助方法，它很有可能与最近美国新医改立法一样获得批准。
>
> 最好的技术驱动型患者自我管理程序应包含丰富的相关内容，提供引人入胜的交互元素，并提供量身定制的个性化学习体验。它们还应包括自我评估和目标设置工具，并设有监控你自己的表现以及诸如体重、血压和血糖等生物测量数据变化的功能。此外，它们还允许你轻松地访问自己的信息、输入你的

第8章
万物移动的时代

数据，并接收实时的支持。

在以技术为基础的学习方案中，你可以获取知识、得到支持，并全天候地跟踪你的行为。此外，护士或糖尿病教育者还可以作为一个"虚拟教练"在整个过程中为你提供支持，帮助你坚持实施新的健康计划。

当然，技术驱动型的行为改变是一项复杂的工作。要想取得成功，以技术为基础的方案必须建立在具备充足的证据、能经受住研究证明的以及坚实的行为改变理论和临床专业知识的基础上。

技术不必是超性感甚至是尖端的。在许多情况下，普通的短信也能做得很好。以下是考夫曼博士更多的观点呈现：

> 现在以短信为基础的方案越来越多，它们让你接收与特定条件下的问题相关的短信，并通过文本的形式发送到你的手机上，从而帮助你通过短信与那些有类似健康问题和生活方式的人进行交流。其中一个例子是"糖尿病病友"方案，该方案是由Canary健康公司开发的，目前正在南非由加州大学洛杉矶分校进行研究，该方案通过短信提供点对点的支持。
>
> 利用信息技术来支持患者自我管理正成为提供医疗保健和生活支持的一个组成部分。如今医生可以利用信息技术，通过传统的治疗方法，以一种经济实用的方式来支持大量的糖尿病患者。

考夫曼博士还提出了关于通过在线和移动渠道来创造"糖尿

病教育者的新角色"的方法，使得他们能"作为虚拟教练，根据每个病人的特点和表现来进行随时随地的分析，并提供高效的针对个人的在线指导和支持。此外，这些虚拟教练还可以监控虚拟支持团队、病人与其他人在网上通过监控的聊天室和博客进行互动"。

此外，他还写道："通过把基于互联网的患者自我管理和支持与传统治疗方法结合，一个保健医疗教育者就能有效地支持多个病人——只在某一时间点支持一个病人。"这一点绝对关键，随着现代信息技术的发展，我们可以利用我们丰富的知识库来帮助每一个病人。

以下是考夫曼博士最近在美国糖尿病教育家协会（American Association of Diabetes Educators，AADE）发表的一篇文章的摘录，该文章主要是为美国糖尿病教育家协会的实践应用而写的：

> 例如，为了服务大量的体重超重和久坐的病人，来自美国匹兹堡大学的研究人员与Canary健康公司共同把具有里程碑意义的糖尿病预防计划（Diabetes Prevention Program，DPP）转变成在线干预服务，该服务被命名为"虚拟生活方式管理"（Virtual Lifestyle Management，VLM）。糖尿病预防计划是在美国国立卫生研究院的经费支持下，由美国匹兹堡大学制定的体重管理方法。事实证明，这项服务可以建议那些体重超重和久坐不动的成年人吃得更好、活动得更积极，从而达成减肥的目的。要创建虚拟生活方式管理服务，匹兹堡大学和Canary健康公司根据糖尿病预防计划的原则，制订了一个为期一年的干预计划，该计划基于网络学习，鼓励大众参与，并涵盖了激

第 8 章
万物移动的时代

励、教育、目标设定和跟踪等一系列干预活动。通过虚拟生活方式管理，2 型糖尿病患者或具有 2 型糖尿病风险的病人改善了他们的饮食习惯，增强了体育锻炼，并能有效地坚持这些新的行为。虚拟生活方式管理通过自动化患者学习、制订计划、自我监督和鼓励来提高教育者的效率，并帮助教育者有效地通过有限的个性化电子教育为患者提供耐心的帮助。

考夫曼博士的实战经验和清晰的回答给我留下了深刻的印象。他还提出另一个很重要的观点，我想在这里跟大家分享一下。对于许多"移动医疗"的企业来说，其主要的做法就是"识别出那些已经有相当不错的健康素质或具有相当低的健康风险的个人，帮助他们更加有效地锻炼身体或在 10 公里赛跑中跑得更快"。考夫曼博士指出："这很好，但不会改善长期的健康结果或降低保健成本的曲线。"

这是一个真正重要的发现，我很高兴考夫曼博士能在我们的谈话中提及这一点。如果你很健康，那移动医疗至少在理论上可以帮助你变得更健康；如果你生病了，或者你正在患一种慢性疾病，移动医疗可能会意味着更多。对于那些真正有健康风险的人而言，移动医疗可以为其生活质量的提高带来巨大的影响。如果移动医疗被广泛应用于人群中，那它有潜力降低整个医疗保健数以十亿计的成本，以及挽救或延长数百万人的生命。

我认为，移动医疗所带来的根本利益将适用于发达国家和新兴地区。对我来说，这是一个真正令人兴奋的机遇。

从原子级别改善医疗保健

移动技术也将在利用纳米技术对重大疾病的诊断和治疗中扮演着令人兴奋的角色。在不远的将来，我们将使用移动设备来发现肿瘤，并跟踪它们的发展轨迹。我们也将利用移动设备来监测那些由医生做出的疾病治疗方案的进展。

我预测，移动技术将作为一个伟大的均衡器，让医疗保健服务更容易、更高效地传递，尤其是在发展中国家。站在保健的角度来看，移动将帮助我们缩小富裕地区和贫困地区的差距。例如，在印度，90%的神经外科医生生活在城市，而90%的人生活在农村地区。移动医疗可以把专家和其他卫生保健提供者的专业知识提供给那些生活在最偏远地区的人，从而让他们不需要长途跋涉到另一个城市进行治疗。

最近，我和我的朋友拉梅什·巴尔加瓦（Ramesh Bhargava）进行了一次交谈，他是纳米晶体科技公司（Nanocrystals Technology，NCT）的首席执行官。据《彭博商业周刊》（Bloomberg Businessweek）报道，纳米晶体科技公司开发和生产的都是基于量子限域原子（Quantum Confined Atoms，QCAs）的纳米材料。该公司基于量子限域原子的技术展示了单个原子在掺入到纳米材料之后，如何制造出独特的磁性纳米颗粒（Magnetic nanophosphors，MNPs）。磁性纳米颗粒的应用包括改善和使得平面显示器更超薄、更高效的LED和其他照明设备、磁光存储器、核磁共振成像对比剂、靶向给药、生物标记物等。

第8章

万物移动的时代

总之,拉梅什及其纳米晶体科技团队正利用纳米技术来帮助我们活得更长、更健康,从而过上更富有成效的生活。于是我向拉梅什请教了一系列相关问题,以下是对他答案的一个简单总结。

1. 什么是纳米技术?

纳米技术使我们能克服某些阻碍我们开发高效而新颖的产品的"应用障碍",克服这些障碍能为从10纳米至60纳米不同规格的纳米颗粒的使用带来一系列的优势。例如,当今的半导体行业正在使用30纳米的活性晶体管,而它只是被简单地作为亚微米技术使用。其原因在于,在单位面积晶体管的数目增加的同时,芯片尺寸会变小,从而导致其具有更高的速度和密度,它们不会产生任何新的属性。而真正的纳米技术能让我们不仅会因为纳米规格的不同而改变其密度或通信速度,还会创造它新的属性,这些属性的改变主要取决于规格的降低和需要量子力学来解释所得到的属性。例如,我们通过在5~50纳米大的纳米颗粒中引入单杂质原子,把有色金属材料转化成弱铁磁性材料。

2. 纳米技术将如何改变医药、卫生和健康的未来?

我们正在开发一种纳米粒子的属性,这种属性将帮助我们在进行核磁共振成像诊断时提高分辨率和对比度,确诊某种疾病及其位置所在,从而开发出一种能将药物准确传送到目标位置的流程,以提高治疗的效果。这一突破为我们带来了一个被称之为"治疗诊断学"(治疗+诊断=治疗诊断学)的新概念。我们的磁性纳米颗粒在核磁共振成像(MRI)中比目前所用的造影剂的效果好20倍。这种对比能力的增强所带来的结果是，我们可以精准定位1立方毫米大的癌性肿瘤（而目前大概是1立方厘米的解析度）。我们在治疗方面的突破能使磁性纳米颗粒与药物结合，生产出所谓的磁性药物。这些磁性药物目前可以通过施加外部磁场被固定在给定的目标位置，同时可减少毒性、剂量以及降低损害人体其他器官的可能性。目前，使用我们的磁性纳米颗粒在治疗诊断学中应用纳米技术已经成为可能。

3. 你的公司是如何有效利用纳米技术的？

纳米晶体科技创造了第一个纳米磁体，它可提高在核磁共振成像诊断中的分辨率和对比度，也能在外部磁场力的作用下，把带有药物涂层的磁性纳米颗粒传送到特定的目标位置。目前，纳米晶体科技的磁性纳米颗粒正被应用在对小鼠的试验上，来试验对癌性肿瘤的成像情况，以及研究它们的治疗成效。这种治疗诊断学的方法正被用于不同的癌症治疗，包括成胶质细胞瘤（脑肿瘤）。靶向给药同样也可以应用于关节炎、冠状动脉疾病、中枢神经性疾病（如阿尔茨海默氏症、帕金森氏症）以及其他疾病上。高分辨率和高对比度的核磁共振成像正被计划应用于无创性磁共振血管造影（Magnetic Resonance Angiography，MRA）上，以评估动脉堵塞的情况。

4. 这将如何彻底改变在未来的医疗？

精确的诊断和治疗会降低医疗成本。治疗诊断学方法将给医生带来很大帮助，因为他们可以实时地观察到药物对疾病的效果（例如，癌性肿瘤）。外科手术、多家医院会诊以及昂贵的药剂使用等成本将会被消除或减少90%以上。更多的以纯天然植物为基础的药物将会被采用,这将为世界创造出性价比高的医疗解决方案。

5. 如何在纳米技术中获得更为广阔的利益?

采用天然植物为基础的药物进行的精准低成本治疗将改变全球健康产业。每个人都能负担得起医疗费用,并能获得与今天在美国和欧洲同样的治疗。

如前所述,移动技术能帮助我们所有人实现负担得起卫生保健的梦想。无论人们身在何处,它都能以合理的成本,朝为每个人提供医疗保健服务的方向迈出可喜的一步。我认为,移动医疗保健提供了许多与手机银行相同的好处和便利,你不需要亲自去医院看医生。同样,医生也可以通过你的移动设备来与你沟通。我坚信,真正实惠的移动医疗保健是我们都愿意接受的美好愿景。

未来的移动与未来的城市

如果我们不将有关未来的城市的讨论纳入进来,那我们关于移动未来的讨论就不完整。在这方面,没有人能比卡罗·拉蒂教授(Pro. Carlo Ratti)更有资格讨论移动技术和现代化城市进化之间的复杂关系,他是麻省理工学院智慧感应城市实验室(Senseable City Lab)的主任。以下是他对我所提出的一些问题的回复。

S.K.:移动技术如何改变城市和社区?

C.R.:早在20世纪90年代,学者们就推测当时正在进行的互联网革命对城市的生存所带来的影响。当时主流的观点认为,由于数字媒体和互联网消灭了距离，它们也会消灭城市。科技作家乔治·吉尔德（George Gilder）宣称"城市是工业时代的遗留包袱"，并得出结论说："我们正在走向城市的灭亡。"这一切将归咎于个人计算、通信和分布式生产的持续增长。

然而，在已经过去的几十年里，城市从来没有像现在这样繁荣过。中国目前正在建造比以往任何时候人类建造的城市都多得多的城市组织。自 2008 年以来，人类历史上第一次出现了世界超过一半的人口都居住在城市地区。据估计，全球基础设施的投资将高达 41 万亿美元，而且大多投资在城市。尽管互联网革命最终没有消灭我们的城市，但也没法避免它们的影响。我们周围的环境中充斥着网络化数字元素，将比特和原子以一种无缝的方式融合在一起。而巨大的转变正在发生，这将从交通到能源消耗，再到我们对公民的赋权和参与，彻底改变我们的城市生活。换句话说，城市正在变成网络和空间聚集的地方，它也是促进比特世界和原子世界进行融合的催化剂。

让我通过一个比喻来解释一下这一融合。今天在城市规模上所发生的变化就类似于 20 年前在一级方程式赛车上所发生的变化。那时候，赛车跑道上的成功主要取决于汽车的机械性能和驾驶员的驾驶技术。但随着遥测技术的蓬勃发展，赛车被改造成被数千个传感器实时监控的电脑，它变得更加"智能"，并能更好地对比赛过程中所出现的各种情况作出反应。

在过去十年中，数字技术以类似的方式开始改造着我们的城市，形成了一个基础设施智能化的庞大中枢。宽带光纤和无线电信

第8章
万物移动的时代

网网络支撑着手机、智能电话和平板电脑，而且人们也越来越能负担得起。与此同时，开放数据库，尤其是开放来自政府的数据库，人们可以阅读和添加里面的信息，这就意味着各种大量的信息正在被释放出来，公用电话亭和显示屏正在帮助识字和不识字的人访问它。在此基础上，随着传感器网络和数字控制技术的不断发展，城市所有的一切都通过价格便宜、功能强大的计算机绑定在一起，从而使我们的城市正在迅速成为一台"露天的电脑"。

而移动技术的应用正变得越来越广泛：从能源到交通，从饮用水到废物管理。对于废物管理，我们在麻省理工学院的智慧感应城市实验室里绘制了西雅图的垃圾路线，为垃圾桶贴上标签，然后跟踪垃圾桶在全市卫生系统中的移动。我们从垃圾桶跟踪项目中得到的结论之一就是，仅仅分享信息就能促使人们改变行为。参与该项目的人的垃圾桶被跟踪，促使他们中的许多人改变了他们的习惯。其中有人告诉我们："我以前喝塑料瓶装水，喝过后扔掉瓶子并将它们抛之脑后。但现在我不能这样做，我知道，这些瓶子只是被扔到离家几英里的垃圾填埋场。我现在已经停止饮用塑料瓶装水了。"

最后一个例子强调了一个关于实现智能城市方法的关键问题：我们应该是自下而上还是自上而下？

我们认为，每个人或公民应该始终处于中心位置。跟着重在安装和控制网络硬件相反，城市政府、技术公司以及城市规划顾问可以利用更多自下而上的方法来创建更智能的城市，在这里，人人都能成为变革的代理人。

S.K.：移动技术应用到城市系统和服务中，人们能得到哪些好处？

C.R.：有了适当的技术支持，人们就有能力来解决自我的问题，这比集中命令更有效，这些问题包括能源消耗、交通拥堵、医疗保健和教育等。那些居住在有线连接城市的居民可以利用他们的发散式智慧来引领社区活动。

S.K.：你是否把移动看作是推动城市发展的一股积极力量？

C.R.：是的，一点没错。今天的变革过程很特别，跟汽车造就20世纪城市的方式一样，信息通信技术正在重塑着我们的城市。

The Power of
Mobile Banking
How to Profit from the
Revolution in
Retail Financial Services

结语

移动互联新常态

在本书接近尾声之时,我回想起曾经与我的好朋友加内什·戈文(Ganesh Govin)的一段谈话,他是爱立信公司数字化服务和营销支持副总裁。我问加内什,他认为移动金融只是一时的风尚,还是把它当成新常态的一部分。加内什坚信,移动绝对会成为新常态的持久象征之一。

"移动和数字技术正在日益渗透到社会、商业和个人生活越来越多的领域中。这一发展伴随着很多重要的创新机遇。新的通信形式将会出现,而其带来的商机将是无限的,"加内什这样说道,"这一切将会改变商业的组织形式,并影响我们如何组织工作、如何合作与分享。"

加内什在爱立信的同事提出"万物互联社会"（networked society）的概念，"万物互联社会"是通过融合技术和一系列功能强大的新设备互联起来。这是一个更加智能、更加紧密互联和真正全球化的社会，它给所有人带来更为广泛的机遇。

"在这个新型社会里，数字融合将是创新、协作和社交新途径的起点。它赋予人们更多的自由、权力与机会，它变革着行业和社会的形态，同时帮助人们寻找当前世界所面临的一些巨大挑战的解决办法。"他说。

我相当喜欢加内什把"自由、权力和机会"作为移动互联未来基本框架的方式。对我来说，这一观点会使我们付出的心血更有价值，鼓励我们更加努力地把梦想变成现实。

移动互联所带来的启示

我们从移动互联技术中学到了什么？很显然，移动互联技术为我们提供了巨大的机遇与严峻的挑战。通过它，人们能赚取或亏损数以亿计的金钱，这在很大程度上取决于我们如何制定行之有效的移动互联战略方针。

回顾过去一年里我对这本书所做的研究，我现在意识到虽然它仍有很多可争辩的地方，但其中有些观点似乎是不容置疑的，例如：

- 移动性主要是为了实现便利性。移动互联"正在做"替代了"将要做"。正如一位作家所说，移动互联体现了一种从"地面到空间"的转变；
- 移动金融与你希望在什么时候、什么地方、以什么方式来应用它有关。它同样也与你不希望在什么时候、什么地方、以什么方式来使用它有关；
- 移动互联将影响金融的所有领域，包括从新的虚拟货币到新的保险形式以及新的身份管理方法；
- 移动互联生活方式的主要标志是持续不断的改变、坚持不懈的变革，以及永不停步的即兴创作；
- 你在移动互联中的身份标识正在快速地变成另一个你、你的代理以及你的化身；
- 你的移动设备正成为一个一站式的购物空间来满足你一切生理和情感的需求；
- 移动互联是新常态。如果它不能在移动设备上完成，那么它就可能完全不可实现；
- 传统的政府监听电话模式正在被政府以窥探手机互动的方式所取代；
- 恐怖阴谋的形成将会围绕着破坏移动数据库和制造能感染移动平台的病毒等而展开；
- 市场的最大竞争将会是如何在某个合适的价格点获得最好的移动设备；
- 手机使用量的稳定增长将会用尽所有可用的无线电频谱，这就需要创造和开发出新的手机通信介质。

移动互联市场战略是一个我目前涉足不深的话题，或许这将是我下一本书的主题。我的朋友爱德·范·埃克特（Ed van Eckert）

在最后给我了一些非常好的建议,我想在本书结束之前加入这些建议。爱德说,你需要确保你的手机银行应用不只是你的在线银行页面的一个简化版本,没有什么比在一个明显没有根据用户使用的设备而进行优化的应用程序上一而再、再而三地缩放文字或按钮更能激怒移动用户的了。

因为多数用户会在谷歌、雅虎或者微软必应上搜索应用程序,那么请确保你的搜索引擎优化策略(Search Engine Optimization,SEO)无论对手机用户还是对电脑用户来说都同样好用。最后,要确保当用户找到你的手机银行应用程序时,他们能在没有任何麻烦的情况下轻松下载。

很显然,我的一些观察结果是乐观的,而另一些却是悲观的。移动互联就像一个混合的袋子,但这就是我们需要共同面对的未来,并且,如果不谈论可移动性对我们所有人的生活所造成的影响,会让我们一无所获。

在金融业,移动互联将会毫无悬念地受到重大并且持续的变革型的影响,这其中将会有成功者也必然会有失败者。财富将会获得也会失去。摆在我们面前是一个激动人心的机遇,如果我们能谨慎并且明智地投资,我们就能享受到无缝移动和随时随地互动的新时代所带来的果实。我欢迎未来,并且期望能在这样一个由不断增长的智能网络和不断增加的智能移动设备连接起来的世界里竞争成功。

当我开始写这本书的时候,仅有屈指可数的几家银行为用户提供友好的移动服务。今天,更多的银行已经看到了未来的发展趋势,并且正在投身于移动互联这一浪潮里,加入到那些数以千计的已经开始了旅程并且已从移动互联技术中获益的企业队伍当中。

就在此刻,我正坐在一架喷气式客机里,以 400 英里的速度巡航在 35 000 英尺①的美国西南上空。我正在查看我的电子邮件、我的 Facebook 账户以及我的 Twitter 内容更新,并沉浸在家人和朋友发送的文本消息内容中。我还查看了我的个人银行账户余额。而这一切都是在我的手机上完成的。并且,我并非这架飞机上唯一一个乐此不疲的人。我们所有人都正在走向移动互联的未来。就让我们开始享受我们的旅程吧!

---

① 1 英尺 =0.3048 米   ——译者注

The Power of
Mobile Banking
How to Profit from the
Revolution in
Retail Financial Services

译者后记

随着移动互联的普及，特别是移动设备的普遍使用，中国的移动互联进入到了"大众创业，万众创新"的时代。李克强总理在政府工作报告中提出的"互联网+"行动计划是互联网发展的新常态，是知识社会创新 2.0 推动下的互联网形态的演进。

在这个大背景下的"互联网＋金融"无疑成为了最热门的创业创新的行业之一。实际上，在李克强总理提出这个行动计划之前，互联网金融领域就已经处于创新的最核心位置了。其中移动支付，如支付宝手机支付、微信支付、百度手机支付等已经成为人们日常生活中必不可少的支付方式；也正是由于移动支付所提供的便利性，才促成了其他移动应用的蓬勃发展，如滴滴打车、e 袋洗等为手机用户提供了移动支付所带来的便利。另外，互联网金融中发展比较迅猛的还有 P2P 借贷平台。据公开资料显示，中国的 P2P 借贷平台由 2012 年的一两百家增加到了两千多家。尽管随着市场的优胜劣汰和国家金融监管措施的不断加大，有相当一部分不良 P2P 借贷平台将会被淘汰，但我们从中可以看到，这些非银行机构的金融平台无一不是在抢夺传统银行业的市场。

这些"互联网+"所带来的非银行企业的介入，就像本书作者所说的，对传统银行业带来了极大的挑战。本书作者沙卡尔作为一名国际银行的高管，在相关领域多年的从业经验使得他对银行业的发展和对移动互联所带来的冲击有其独特的视角和看法。同时，作者并没有局限于个人的经验和思考，本书中所采访、所借鉴的其他世界银行业知名人士、咨询师、银行高管、企业高管或知名创业者的见解、建议和提示对互联网金融这个行业是极其宝贵的。

该书从有关互联网金融和手机银行的方方面面来阐述，不仅从宏观层面对现状进行了深刻思考，对未来进行了展望，同时还从微观层面对现实中的威胁和挑战以及对手机银行所面临的如预付卡市场的机遇一一进行了阐述。

本书对非互联网金融从业人士是一本入门书，同时对互联网金融从业人士也是一本很好的参考书，其中的一些观点对银行业的高管同样具有相当重要的借鉴价值。

黄翠婷

北京阅想时代文化发展有限责任公司为中国人民大学出版社有限公司下属的商业新知事业部,致力于经管类优秀出版物(外版书为主)的策划及出版,主要涉及经济管理、金融、投资理财、心理学、成功励志、生活等出版领域,下设"阅想·商业""阅想·财富""阅想·新知""阅想·心理""阅想·生活"以及"阅想·人文"等多条产品线。致力于为国内商业人士提供涵盖先进、前沿的管理理念和思想的专业类图书和趋势类图书,同时也为满足商业人士的内心诉求,打造一系列提倡心理和生活健康的心理学图书和生活管理类图书。

阅想·财富

《我的人生样样稀松照样赢:呆伯特的逆袭人生》

- 互联网上最有趣、最具影响力的人物,20世纪最杰出的商业思想家和观察家,影响世界的《呆伯特》漫画作者、《纽约时报》畅销书作者。
- 以其独特的诙谐手法讲述了一个男人一路跌跌撞撞从无数尴尬的失败迈向成功的逆袭。

《索罗斯传》(白金珍藏版)

- 他似乎拥有控制市场的超级能力!某种商品或货币的市场价格会随着他的言论上升或下跌!
- 他的一生毁誉参半。他到底是"市场驱动者",是"金融界的超级明星",还是"投机客"?他到底是投资界的"魔鬼",还是悲天悯人的"慈善家"?为什么他又自诩为"金融哲学家"、"无国界的政治家"?
- 罗伯特·斯莱特将引领我们进入这位大师的思想深处,让我们看到一个真实的索罗斯。

《希尔顿王朝：美国传奇家族的艰苦创业史》
- 高居美国亚马逊传记类超级畅销书排行榜。
- 《纽约时报》最负盛名的《卡米洛特时代之后：肯尼迪家族史》《拯救玛丽莲·梦露》《迈克尔·杰克逊的魔力与疯狂》等传记类畅销书作者倾情打造。
- 一部《今日美国》推荐的"充满跌宕起伏、商战、奇闻轶事和爱情故事"的家族发家史，为你揭开希尔顿酒店庞大帝国的神秘面纱。

《空虚的豪宅：美国神秘女富豪的传奇人生》
- 一段由空房子引发的普利策获奖记者揭秘调查，从此揭开美国最为神秘的隐居女富豪的传奇人生，带你走进美国政商巨擘克拉克家族的百年沉浮史。
- 《纽约时报》年度最佳图书之一。
- 曾长期位居畅销书排行榜第1名，本书一经出版，年销达15万册。

《蓄势待发：股票交易实战录》
- 新浪博客点击量第一、"2009年度最受欢迎财经博客百强"得主、著名股票博客博主徐小明，新浪财经知名博主百年一人撰文推荐。
- 真实再现华尔街最牛操盘手扣人心弦、绝处逢生的交易场景，见证自谷歌以来影响力最大的Facebook IPO的伟大历史时刻，感受美股最大乌龙事件过山车般的惊心动魄，在交易员的操盘实战中学会像职业交易员一样思考。

《金融的狼性：惊世骗局大揭底》
- 一部深度揭示世界金融大案前因后果和血泪教训的、写给所有投资者的警示书。
- 投资者的防骗入门书，涵盖金融史上最惊世骇俗的诈骗大案，专业术语清晰易懂，阅读门槛低。
- 独特视角诠释投资界风云人物及诈骗案件。

《巴菲特投资圣经：价值投资的24条黄金法则》（精装版）
- 巴菲特找到了并不复杂的投资股市的成功途径。任何拥有一般智力水平的人，即使没有专业人士的帮助，也完全可以成为一个成功的价值投资者，因为理性投资的基本原则很容易理解。
- 了解巴菲特朴素而富有哲学性的价值投资智慧，读这本书足矣。
- 献给所有追随并渴望获得如巴菲特一样成就的人。

《声誉至死：重构华尔街的金融信用体系》
- 一部声誉理论的兴衰史，半部华尔街的发展史。
- 耶鲁大学法学院教授、声誉理论拥护者新作。
- 美国证券交易监督委员会第26任主席哈维·皮特倾情推荐。
- 所有关心金融体系生死存亡、资本市场健康及福祉的人的必读书。

The Power of Mobile Banking:How to Profit from the Revolution in Retail Financial Services

ISBN: 978-1-118-91424-3

Copyright © 2014 by Sankar Krishnan.

Simplifid Chinese version © 2016 by China Renmin University Press.

Authorized Translation of The Edition Published by John Wiley & Sons, New York, Chichester, Brisbane, Singapore and Toronto.

No part of this book may be reproduced in any form without the written permission of John Wiley & Sons Inc.

All Rights Reserved.

本书中文简体字版由约翰·威立父子公司授权中国人民大学出版社在全球范围内独家出版发行。未经出版者书面许可，不得以任何方式抄袭、复制或节录本书中的任何部分。

本书封面贴有 Wiley 激光防伪标签。

无标签者不得销售。

版权所有，侵权必究。